: 바로 시작하는 커뮤니티 빌드업 :

디스코드 플레이북

박소정 지음

디스코드 플레이북
DISCORD PLAYBOOK

초판 발행 · 2023년 9월 29일

지은이 · 박소정
발행인 · 이종원
발행처 · (주)도서출판 길벗
출판사 등록일 · 1990년 12월 24일
주소 · 서울시 마포구 월드컵로 10길 56(서교동)
대표전화 · 02)332-0931 | **팩스** · 02)323-0586
홈페이지 · www.gilbut.co.kr | **이메일** · gilbut@gilbut.co.kr

기획 및 책임 편집 · 최동원(cdw8282@gilbut.co.kr)
표지 및 본문 디자인 · 장기춘 | **제작** · 이준호, 손일순, 이진혁, 김우식
영업 마케팅 · 전선하, 차명환, 박민영 | **영업관리** · 김명자 | **독자지원** · 윤정아, 전희수

교정교열 · 안혜희 | **전산편집** · 신세진 | **출력 및 인쇄** · 상지사 | **제본** · 상지사

ISBN 979-11-407-0634-1 03000
(길벗 도서번호 007166)

정가 22,000원

이 책은 'Discord(Stable 226220 (6d95606))' 버전을 기준으로 하고 있습니다. 디스코드의 비정기적인 업데이트로 일부 메뉴와 화면 구성이 다를 수 있지만 책의 내용을 따라하는데 큰 문제가 없습니다.

독자의 1초까지 아껴주는 정성 길벗출판사
㈜도서출판 길벗 IT교육서, IT단행본, 경제경영서, 어학&실용서, 인문교양서, 자녀교육서 | www.gilbut.co.kr
길벗스쿨 국어학습, 수학학습, 어린이교양, 주니어 어학학습, 학습단행본 | www.gilbutschool.co.kr

페이스북 | www.facebook.com/gilbutzigy
네이버 포스트 | post.naver.com/gilbutzigy

당신의 커뮤니티는 어떤 모습인가요?

특정 분야에 관심이 있거나 정보를 공유하고 싶은 사람들의 욕망에서 사람과 사람을 연결해 주는 관계망이 구축됐습니다. 그리고 이런 욕망은 페이스북, 트위터, 유튜브, 인스타그램, 틱톡 등의 'SNS(Social Network Service)' 서비스로 발전하며 폭발적으로 성장해 왔죠. SNS는 대기업에서 운영하는 채널에서부터 개인이 운영하는 채널까지 다양한 형태로 운영되고 있으며 채널 운영자를 향한 팬심만으로 운영되거나 뷰티, 운동, 요리, 육아, 자기계발, 브랜드 제품 등 특정한 주제에 대한 정보 수집이나 강의 수강 또는 제품 구매까지 이어지는 원스톱 마케팅의 공간으로 자리매김했습니다. 하지만 플랫폼 중심의 커뮤니티는 멤버를 모으고 관리하기 어렵다는 단점이 있습니다. 그래서 따로 홈페이지를 개설하거나 네이버 카페 혹은 오픈 카카오톡 등으로 멤버들을 다시 이동시켜 따로 관리를 하는 경우가 대부분입니다.

필자의 경우, 유튜브와 인스타그램을 운영하지만 멤버들을 오픈톡방과 텔레그램으로 다시 초대하여 커뮤니티로 관리를 해 본 경험이나 네이버 카페의 멤버로 참여해 본 경험이 있습니다. 지금까지의 경험을 더듬어보면 각 플랫폼마다의 장단점이 있었습니다. 오픈톡방이나 텔레그램은 실시간으로 대화 나누기는 좋았지만, 필요한 정보를 수집하는 데는 효율적이지 않죠. 텔레그램이나 오픈톡방의 경우 유용한 정보가 공유되어도 해당 정보를 바로 확인하지 않으면 끊임없이 이어지는 대화 메시지로 필요한 정보를 놓치는 경우가 많았고 네이버 카페의 경우 게시판별로 정보가 나누어져 있어 필요한 정보를 찾는 데는 편리했지만, 실시간 소통에는 불편함이 있었습니다. 그리고 운영자 입장에서는 체계적으로 멤버를 관리하거나 커뮤니티에 속한 멤버를 대상으로 이벤트를 진행할 때 홍보를 위해 외부 플랫폼을 이용하거나 이벤트에 필요한 정보를 일일이 공유해야 한다는 불편함이 있었습니다.

이런 아쉬움을 갖고 커뮤니티와 오픈톡방을 따로 운영하는 중, 크립토 시장에서 NFT 붐이 일었을 당시, 처음으로 디스코드를 접하게 되었습니다. 디스코드를 처음 사용하며 인증을 하거나 이벤트 참여를 위해 이모지를 누르고 채팅 수로 레벨을 올려 역할을 부여받는 등 신기한 기능투성이였습니다. 그리고 정보 공유와 실시간 채팅뿐만 아니라 음성이나 영상으로 소통할 수 있어 필자가 속한 커뮤니티 안에서 다양한 활동을 할 수 있었습니다. 디스코드는 커뮤니티를 운영하는 데 필요한 유용한 기능을 한곳에 모아놓은 듯한 느낌이었고, 디스코드의 다양한 기능을 배우고 참여하다 보니 디스코드에 머무는 시간이 자연스럽게 길어졌습니다.

커뮤니티에 머무는 시간이 길어진다는 것은 커뮤니티를 운영하는 사람들에게는 중요한 포인트입니다. 멤버가 커뮤니티에 머무는 시간이 길어지는 것은 곧 커뮤니티에 대한 애착이 커진다는 것이고 단단한 팬덤을 길러낼 수 있는 방법일 테니까요. 이후 직접 커뮤니티 서버를 운영하거나 커뮤니티 매니저로서 디스코드 서버의 관리를 하다 보니 멤버들에게 다양한 조건에 따라 각기 다른 역할을 부여하고, 역할별로 관리할 수 있어 커뮤니티를 체계적으로 관리하는 데도 유용하다는 것을 알게 되었습니다. 이뿐만 아니라 멤버들이 커뮤니티에 애정을 갖고 계속 찾아오고 싶도록 재미난 요소들을 끊임없이 제공힐 수 있다는 점에서 디스코드만의 또다른 매력을 느낄 수 있었습니다. 디스코드를 사용하면 할수록 디스코드가 커뮤니티 운영과 멤버 관리에 굉장히 효율적인 플랫폼이라는 것을 확인할 수 있었죠.

특히 디스코드에서 활용할 수 있는 다양한 봇이 제작되어 있기 때문에 원하는 기능의 봇을 적용하거나 직접 봇을 개발하여 원하는 기능을 적용하며 특별한 커뮤니티로 만들 수도 있습니다. 같은 기능의 봇이라도 테마를 변경한다면 얼마든지 특색 있는 커뮤니티를 만들 수 있을 뿐만 아니라 서로 다른 기능을 조합하여 나만의 커뮤니티의 특성을 표출할 수 있는 공간으로 만들 수 있습니다.

최근 AI 이미지 생성 프로그램인 미드저니(Midjourney)의 경우, 디스코드 커뮤니티 서버를 통해서 유저들이 미드저니를 이용하여 생성한 이미지를 서로 공유하고 또 궁금한 사항을 해결할 수 있도록 팀원, 모더레이터, 가이드 등의 역할을 설정하여 미드저니 사용자를 간편하게 관리하고 있습니다. 또한 필자가 커뮤니티 매니저로 활동하고 있는 '버블리와 친구들(Bubbly&Griends)'은 NFT 프로젝트 커뮤니티로, 커뮤니티 내의 채팅이나 미션, 게임 등에 참여하여 포인트를 적립하고 매주 진행되는 추첨식 복권의 일종인 래플에 참여할 수 있는 권한이나 굿즈를 구매하는 등 활동 중심의 커뮤니티 운영을 하고 있습니다. 이렇게 각 커뮤니티 서버에는 커뮤니티 특성에 맞는 각기 다른 구성의 봇이 적용되어 커뮤니티 운영에 이용되고 있습니다.

당신은 어떤 커뮤니티를 꿈꾸나요?

디스코드는 2022년 상반기 기준, 전 세계적으로 3억 9천만 명 이상이 사용하고 있습니다. 처음에는 게임 유저를 중심으로 확산된 후, 코로나 팬데믹의 영향으로 온라인 활동이 많아지며 일반 기업과 일선 학교에서 활용되며 업무와 수업에 활용되고 있습니다.

여러분이 운영 중인 커뮤니티 혹은 운영하고 싶은 커뮤니티는 어떤 모습인가요? 궁극적으로 어떤 커뮤니티가 되기를 희망하나요? 어떤 커뮤니티를 꿈꾸든 간에 디스코드에서는 만들어 낼 수 있을 것이라 확신합니다. 물론 바로 디스코드의 수많은 기능들을 자유자재로 다룰 수는 없겠지만 이 책에 설명된 디스코드의 기본적인 사용 방법을 하나씩 배운 후, 디스코드에서 실제로 활동을 해보고 서버도 꾸며보면 점점 실력이 늘게 될 것입니다.

디스코드 내 대부분의 커뮤니티 서버에는 서버 전체를 관리하는 커뮤니티 매니저를 비롯하여, 커뮤니티 멤버들의 활동을 서포트하는 모더레이터, 서버 봇 개발자 등이 활동하고 있으며 새로운 직종까지 생겨났습니다. 물론 아직까지는 대중화되지 않은 상황이라 종사자가 많지 않거나 부업의 형태로 업무를 진행하는 경우가 대부분으로 실제 업무 역시 온라인에서 할 수 있는 작업이므로 90%가 재택에서 근무하고 있죠. 커뮤니티 운영에 관심이 있는 분들은 디스코드 이용법과 관리법, 봇 이용법 등을 배워 수입을 창출해 보는 것도 좋습니다.

장점이 많은 디스코드지만 단점도 있습니다. 인증을 거친 일부만을 위해 운영할 수 있다는 장점은 포털사이트에 노출이 되지 않는다는 단점이 되기도 합니다. 디스코드 내에서도 모든 커뮤니티가 검색에 노출되는 것은 아니기 때문에 다른 플랫폼을 이용하여 커뮤니티 마케팅을 펼쳐야 합니다. 또한 디스코드 사용자를 대상으로 한 다양한 해킹 사례가 등장하고 있는 것 역시 디스코드의 단점입니다. 그러므로 디스코드 2단계 인증을 설정해 두는 것이 좋습니다. 그리고 커뮤니티 운영자들은 해킹으로 운영 중인 커뮤니티 채널에 스캠링크가 올라가거나 커뮤니티 구성에 변동이 생기지 않도록 늘 신경 써서 관리해야 합니다.

이 책에는 디스코드의 개발적인 부분까지 세세하게 다루고 있지 않지만, 디스코드를 처음 접하시는 분들이 쉽게 접근하여 기본적인 서버 운영까지 할 수 있도록 쉬운 언어로 전달하려 노력하였습니다. 여러 분야에서의 디스코드 활용 사례를 다양하게 보여드리고 싶었으나, 아직은 한정적이라 사례 소개에 크립토 분야의 비율이 높음을 이해 부탁드립니다. 이 책을 통해 일반 유저들의 디스코드 활동에 도움이 되길 바라고, 다양한 분야의 커뮤니티가 디스코드로 들어와 디스코드 서버의 다양한 기능을 통해 한층 더 발전된 커뮤니티가 운영되길 기대합니다.

마지막으로 처음이라 헤매면서도 끝까지 책을 완성한 나에게 고맙고, 옆에서 늘 응원해준 사랑하는 가족, 갑작스러운 인터뷰나 질문에도 적극적으로 도움을 주신 디스코드 종사자분들, 그리고 책 집필이 처음인 저를 마지막까지 잘 안내해 주신 길벗출판사 최동원 에디터님께 무한 감사의 인사를 전합니다.

박소정

이 책을 보는 방법

🎮 전문가가 알려주는 디스코드의 모든 것!

카카오톡부터 SNS까지 온라인 커뮤니티는 물론, 세세한 디스코드 사용법과 나만의 커뮤니티를 빌드업하는
방법을 4개의 마당으로 알차게 정리했습니다.

중요도와 내용에 맞춰서
마당, 장, 섹션으로 구성
했어요.

🎮 궁금증 해결! TIP & 잠깐만요

분문에 담지 못한 추가 설명은 TIP과 잠깐만요에 담았습니다.

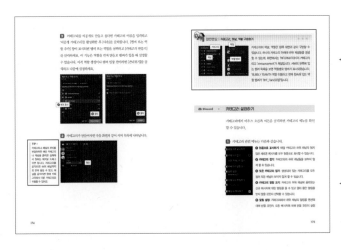

좀더 제대로 알아야 하는
내용은 잠깐만요를 참고
하세요.

알아 두면 쓸데있는 깨알
포인트는 TIP을 참고하
세요.

🎮 쉽고 빠르게 익히는 무작정 따라하기

디스코드 가입부터 설치, 복잡한 각종 설정 환경과 커뮤니티 운영을 자동화할 수 있는 봇 사용법을 무작정 따라하기로 정리했습니다.

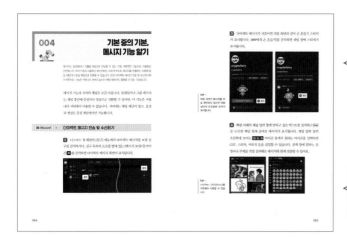

> 한 단계씩 차근차근, 누구나 쉽게 따라할 수 있습니다.

> 복잡한 설정도 무작정 따라하면 쉽게 해결할 수 있습니다.

🎮 Special Interview

대형 디스코드 커뮤니티와 디스코드로 탄생한 직업에 종사하고 있는 사람들의 목소리를 들어보세요.

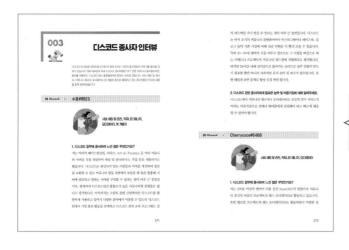

> 국내 대형 커뮤니티와 디스코드 종사자의 생생한 목소리를 들어보세요.

목차

목차

003

나만의 커뮤니티 서버 운영하기

004

디스코드 커뮤니티 빌드업 기초 지식 익히기

1장. 디스코드 커뮤니티의 특징

디스코드!?
게임 전용
메신저 아닌가요?

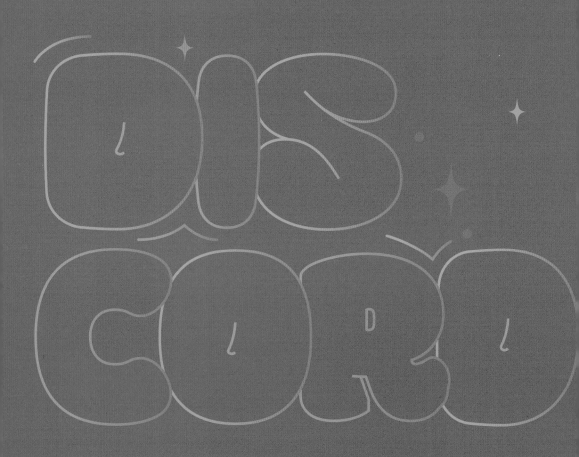

국민 메신저 카카오톡(KakaoTalk)은 메신저를 시작으로 다양한 사업을 펼쳐나가고 있습니다. 카카오를 넘어설 수 있는 새로운 플랫폼은 이제 없을 것이라는 분위기 속에서 디스코드(Discord)가 약진하고 있습니다. 디스코드는 코로나 팬데믹 이후 크게 성장하고 있는 메신저로, 원래는 게임용 음성 채팅 메신저였습니다. 하지만 코로나 팬데믹을 계기로 디스코드는 다양한 기능을 업데이트하면서 이용자를 크게 늘렸고 기업과 일반 사용자를 아우르는 거대한 플랫폼으로 자리 잡고 있습니다. 첫째마당에서는 디스코드로 무엇을 할 수 있는지, 그리고 어떤 분야로 확장하고 있는지, 국내 온라인 커뮤니티의 흐름에 어떤 영향을 줄 것인지 살펴보면서 사회적, 경제적, 문화적으로 어떤 영향을 미치게 될지 함께 알아보겠습니다.

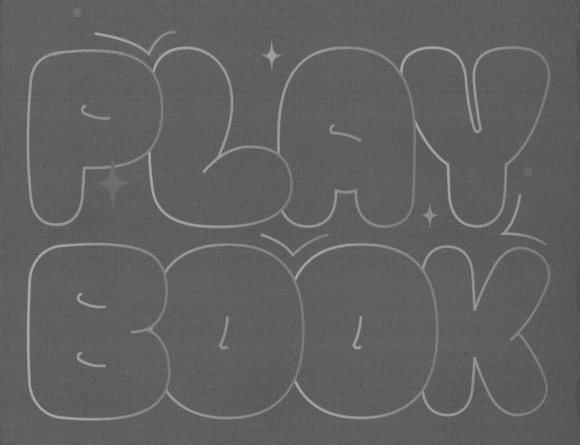

디스코드로
무엇을 할 수 있을까요?

2010년 출시된 카카오톡(KakaoTalk)은 유료로 문자를 이용하던 시절, '무료'라는 점을 부각하면서 폭발적인 인기를 끌었습니다. 그리고 이제 카카오톡은 단순 채팅 서비스를 넘어 SNS뿐만 아니라 카카오택시, 카카오맵, 카카오대리운전, 카카오페이, 카카오뱅크에 이르기까지 사람들의 일상과 함께하고 있습니다. 우리가 카카오톡에 익숙해진 후 벗어날 수 없게 된 것처럼, 디스코드도 그 편리함과 다양한 기능을 알고 나면 계속 찾게 될 것입니다. 특히 디스코드는 특정 지역에 국한되지 않고 전 세계인이 사용하는 서비스여서 많은 것이 글로벌화되어 있어요. 또한 지리적 경계가 무너지고 있는 지금, 디스코드의 파워는 더욱 커지고 있습니다.

디스코드는 이제 더 이상 게임 전용 메신저가 아닙니다

디스코드는 게임 전용 메신저라는 인식이 강했지만, 이제는 더 이상 그렇지 않습니다. 장점이 많아서 게임뿐만 아니라 친목과 업무용으로 사용하기 시작했습니다. 그리고 개발 친화적인 성향으로 NFT 중심의 블록체인 관련 커뮤니티가 생기면서 커뮤니티 운영 수단으로 자리 잡았습니다. 최근에는 디스코드에 AI 이미지 생성 서비스 '미드저니(Midjourney)'까지 연동되면서 영역을 더욱 확장하고 있습니다.

'디스코드(Discord)'는 텍스트, 음성, 화상 등의 채팅을 지원하는 인스턴트 메신저입니다. 시장 조사 업체 '모바일인덱스(MOBILEINDEX)'의 조사에 따르면 국내 디스코드 이용자는 400만 명이라고 합니다. '디스코드'라고 하면 게임이 먼저 떠오르는 사람이 많을 겁니다. 실제로 디스코드는 모바일 게임 플랫폼 개발자인 '제이슨 시트론(Jason Citron)'이 개발한 인스턴트 메신저로, 가볍고 보안성이 뛰어난 게임용 음성 채팅 프로그램으로 시작했습니다.

제이슨 시트론은 '스카이프(Skype)'나 '팀스피크(TeamSpeak)'와 같은 기존 채팅 서비스의 장점에 긴 대기 시간이나 낮은 보안성 등과 같은 단점을 보완하여 디스코드를 개발했습니다. 디스코드에서는 간편하고 빠른 음성/화상 채팅은 물론, 다른 프로그램과의 호환성이나 '봇(Bot)' 개발을 위한 API도 지원합니다. 디스코드는 게이머를 중심으로 대중화되었지만, 코로나 팬데믹을 겪으면서 업무나 커뮤니티용으로 활용하는 사용자 수가 급격하게 늘어났습니다. 그 결과, 2022년

상반기 기준 전 세계적으로 3억 9천만 명의 사용자가 디스코드를 이용 중이라고 발표했고 IT 서비스의 핵심 지표인 월간 활성 사용자 수(MAU; Monthly Active Users)는 1.5억 명이라고 합니다.

이렇게 많은 사람이 디스코드를 이용하게 되면서 편리하고 광고 없는 무료 서비스라는 장점 덕분에 섬섬 게임이 아닌 업무용, 친목용 메신저로 이용하는 경우가 늘어났습니다. 게다가 특정 국가가 아닌 전 세계를 대상으로 서비스를 제공하고 있어서 더욱 빠르게 사용자 사이를 더욱 폭넓게 연결하고 확장되고 있습니다.

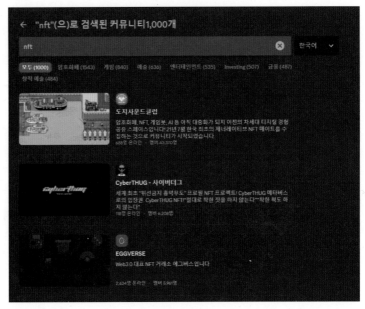

NFT 커뮤니티

TIP ✦
NFT에 대한 자세한 내용은 22쪽을 참고하세요.

디스코드 서버를 'NFT(Non-Fungible Token, 대체 불가능 토큰)' 프로젝트의 커뮤니티로 이용하기 시작하면서 전 세계적으로 다양한 분야와 연령대의 사람들이 디스코드 서비스를 이용하게 되었습니다. 국내의 경우 NFT의 열풍으로 디스코드에 대한 인지도가 높아지면서 이용자 수가 급증했습니다. 디스코드 서버에 등록된 NFT 관련 서버만 해도 1,000개가 넘는 상황이죠. 하지만 희소성을 갖는 NFT의 특성상 기준을 충족해도 공개 서버로 등록하지 않는 경우가 많으므로 실제로 운영되는 서버는 훨씬 많을 것입니다.

WL 미션

NFT 이벤트

NFT 프로젝트에 참여하여 NFT를 구매할 기회를 얻거나, 특정 프로젝트팀에서 진행하는 이벤트에 참여하거나, 또는 NFT를 소유한 NFT 홀더로서 커뮤니티 활동을 하려면 해당 프로젝트의 서버에 입장해야만 합니다. NFT 구매는 '화이트리스트(WhiteList, 이하 WL)'라는 선구매 기회 후 퍼블릭(Public) 구매 기회가 주어지는데, 일반적으로 WL의 가격이 퍼블릭에 비해 저렴하므로 WL 자격을 얻기 위해 프로젝트에서 제시하는 미션을 달성하려고 노력하는 사람들이 많습니다. 프로젝트팀에서는 디스코드 서버를 개설하고 프로젝트에 관심이 있는 사람들을 모집하여 WL를 제공하거나 이벤트를 위한 미션을 수행하게 합니다.

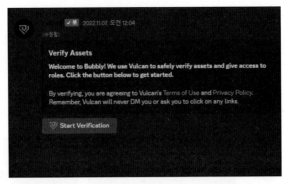

디스코드 봇

TIP ◆
디스코드 봇에 대한 자세한 내용은 205쪽을 참고하세요.

디스코드 서버의 기능을 활용하면 디스코드 멤버를 특정 기준에 맞춰 분류하고 아주 편리하게 관리할 수 있습니다. 예를 들어, NFT 프로젝트의 홀더의 경우 인증봇을 활용해 홀더를 인증하면서 동시에 자동으로 홀더 역할을 부여하여 커뮤니티 안에서 해당 역할의 권한을 설정할 수 있습니다. 이 방법은 일일이 확인하고 수동으로 역할을 부여하는 방법보다 운영진 입장에서는 훨씬 효율적입니다. 따라서 서버 운영을 통해 프로젝트를 홍보하고 커뮤니티를 관리하는 것이 NFT 시장의 필수 과정으로 자리 잡았습니다. 또한 '블록체인(Block Chain)'과 '메타버스(Metaverse)' 등의 미래 산업과 맞물려 대기업까지 디스코드 커뮤니티를 빌드업(Build-up)하기에 이르렀습니다. 이제 디스코드는 더 이상 게임 전용 메신저가 아니라 여러 분야에서 다양한 연령대의 사람들이 사용하는 메신저라고 할 수 있습니다.

미드저니 홈페이지(https://www.midjourney.com)

다양한 주제의 디스코드 커뮤니티

근래에는 디스코드에서 이미지 생성 AI인 '미드저니(Midjourney)'를 지원하면서 이용자가 더욱 급증할 것으로 예상되고 있죠. 2023년 6월 기준 미드저니 서버의 이용자 수는 이미 1,700만 명이 넘습니다. 미드저니는 현재 베타 버전을 출시하여 유저에게 서비스를 제공하고 있는데, 베타 버전은 디스코드 서버를 통해 이용할 수 있습니다.

디스코드의 미드저니 서버에서 미드저니봇을 이용해 명령어를 입력하는 것만으로도 유저가 원하는 이미지가 생성됩니다. 미드저니를 이용해 AI 이미지를 만들려는 사람들은 모두 디스코드를 사용해야 하므로 디스코드의 이용자는 자연스럽게 증가하고 있는 추세입니다. 그리고 이미 게임뿐만 아니라 NFT와 ART 관련 서버들이 많이 생겼는데, 미드저니의 영향으로 AI나 ART 관련 커뮤니티 서버가 계속 늘어날 것으로 예상됩니다.

이와 같이 디스코드는 더 이상 게임 전용 메신저가 아닌 다양한 분야의 메신저로 확장을 시도하고 있습니다. 주로 4차 산업과 관련된 분야에서 디스코드가 선두를 차지하고 있는데 아직 패션이나 뷰티, 음식, 여행 등의 분야는 커뮤니티 서버가 미미한 수준이지만, 시대의 트렌드와 맞물려 성장하고 있으므로 점점 더 분야가 확장될 것입니다. 따라서 페이스북이나 인스타그램 같은 글로벌 SNS의 상위 플랫폼이 될 수 있는 충분한 가능성을 가지고 있습니다.

잠깐만요 | 디스코드와 NFT 프로젝트　　●　●　●

NFT(Non-Fungible Token)는 블록체인 기술을 이용한 디지털 자산의 정보가 기록되고 복제가 불가능한 토큰으로, 각각의 NFT는 차별화된 가치를 갖습니다. NFT를 발행하는 것은 '민팅(Minting)'이라고 하고, NFT를 가지고 있는 사람은 'NFT 홀더(Holder)'라고 합니다. 디지털 형태로 저장할 수 있는 것은 모두 NFT 발행이 가능하므로 본인이 직접 NFT를 발행할 수도 있고, 아트 작품이나 음악 작품 NFT를 구매하여 소장할 수도 있습니다. 또한 이러한 NFT를 활용하여 커뮤니티를 구성하고 사업화를 진행하는 NFT 프로젝트도 있습니다.

NFT 프로젝트는 대부분 개발 친화적인 디스코드 환경에서 커뮤니티 구축을 진행하고 있는데, 보통 한 프로젝트에서 발행하는 NFT의 개수가 정해져 있죠. 그러므로 초기에는 대부분 프로젝트를 홍보하여 NFT 민팅에 참여할 유저를 끌어모으고, 민팅이 끝난 이후에는 NFT 홀더를 대상으로 커뮤니티를 운영합니다. 그래서 초기에는 조건이 충족되지 않아 공개 서버로 등록하지 못하는 경우도 있으므로 민팅이 끝난 이후에는 프로젝트의 방향과 특성에 따라 공개 서버 등록을 하는 곳과 하지 않는 곳으로 나뉘어집니다.

국내 온라인 커뮤니티 변천사

온라인에서 다른 사람들과 소통이 시작된 이후부터 지금까지 온라인 커뮤니티는 다양한 주제로 소통하며 규모가 커지고 발전해왔습니다. 여전히 커뮤니티의 방향이나 운영 방법 등이 다양화 되고있죠. 차세대 온라인 커뮤니티인 메타버스의 출현과 함께 앞으로도 커뮤니티의 영향력은 더욱 커질 것입니다. PC통신 시절부터 지금까지의 커뮤니티 변천사를 알아보겠습니다.

PC통신 시절 '나우누리(Nownuri)'나 '하이텔(Hitel)'을 시작으로 우리는 온라인이라는 한 공간에서 상대방과 이야기를 주고받기 시작했습니다. 익명의 누군가와 보이지 않는 온라인 공간에서 소통하고 관계를 맺는다는 것이 그 당시에는 엄청난 일이었죠. 하지만 당시에는 이렇게 PC통신으로 소통하고 있어도 전화가 오면 끊어지거나 통화 중으로 안내되었으므로 긴 시간 동안 이용하는 것이 쉽지 않았습니다. 이후 웹 기반의 온라인 카페였던 '아이러브스쿨(iloveschool)' 같은 동창 찾기 커뮤니티와 도토리를 구입하여 나만의 방을 꾸미기 바빴던 '싸이월드(Cyworld)'를 거치고 2000년대 인터넷의 급성장과 함께 '디시인사이드(Dcinside)', '루리웹(Ruliweb)' 등의 대형 커뮤니티가 탄생했습니다. 이들 대형 커뮤니티는 특정한 관심사를 중심으로 움직이기보다는 광범위한 주제를 다루며 대부분 익명이 보장되었고 네티즌끼리 자유롭게 정보를 공유하면서 댓글을 작성하는 방식으로 커뮤니티의 파워를 키웠습니다. 시간이 지날수록 인터넷 사용 인구는 계속 늘어났고 대형 커뮤니티뿐만 아니라 공통의 관심사를 중심으로 한 '네이버(Naver)'나 '다음(Daum)' 같은 플랫폼의 카페가 많이 생기기 시작했습니다. 각각의 커뮤니티는 공통의 관심사를 기반으로 그들만의 끈끈함을 다지면서 커뮤니티를 유지 및 확장해 왔습니다.

온라인 가상 세계 메타버스

온라인 커뮤니티는 처음 생긴 이후부터 지금까지 영향력이 계속 커졌습니다. 최근 메타버스 산업에 대한 가능성을 살펴보면 온라인 커뮤니티의 규모나 영향력은 더욱 커지고 있죠. 현실과 융합된 인터넷의 3차원 가상 세계를 의미하는 메타버스 산업 생태계의 확산을 위해 정부에서는 2023년 기준 총 2,233억 원을 지원한다고 발표했습니다. 일상생활뿐만 아니라 의료, 제조, 교육 분야 등에서 메타버스 산업 발전을 위해 지원하겠다는 취지로, 이에 따라 전 국민의 메타버스 접근 장벽은 계속 낮아지고 있습니다. 그래서 가까운 미래에는 이러한 온라인 가상 세계가 곧 현실 세계와 동일시되거나 세컨드 라이프 공간으로 자리 잡을 것으로 예상됩니다.

과거에도 그랬듯이 많은 사람은 새로운 공간에 자연스럽게 스며들 것입니다. 이렇게 새롭고 광활한 메타버스로 옮겨가기 위해 온라인의 커뮤니티 구성과 활동이 유저들에게는 아주 중요한 일이 될 것입니다. 그리고 이에 따라 온라인 커뮤니티의 규모와 영향력은 계속해서 커질 수밖에 없습니다.

디스코드는 메타버스로 진입하기 위한 유저들의 모임 공간으로, 유저들을 만족시킬 수 있는 여러 가지 기능이 탑재되어 있어서 적절한 역할을 해 낼 수 있습니다. 또한 발빠르게 업데이트하고 있고 개발 친화적인 환경 때문에 계속 확장해 나갈 가능성이 있습니다.

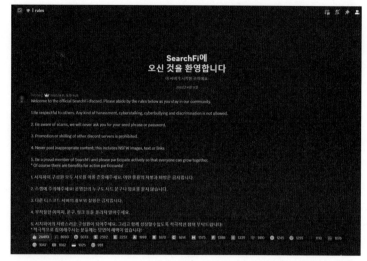

서치파이 디스코드

국내 시장에서 디스코드 서버는 아직까지 NFT 커뮤니티의 역할이 대부분을 차지하고 있죠. 국내 최대 NFT 정보 커뮤니티인 '서치파이 (Searchfi)'의 경우 국내에서 단순한 NFT 정보 공유를 위한 커뮤니티로 시작하여 현재는 글로벌 유저들이 합류하여 10만 명 이상의 가입자를 확보했는데, 이제는 단순한 정보 공유가 아니라 블록체인과 관련된 다양한 비즈니스를 진행할 계획이라고 합니다. 이와 같이 메타버스와도 밀접한 관련이 있는 NFT 시장에서 커뮤니티 공간으로 활용하는 성공적인 사례가 계속 쌓인다면 앞으로 더욱 다양한 커뮤니티 서버가 생길 것입니다.

디스코드의 발전 가능성

차세대 온라인 커뮤니티 플랫폼으로 급부상 중인 디스코드는 기존에 우리가 이용하고 있는 다양한 플랫폼의 장점을 모두 모아둔 곳이라고 할 수 있습니다. 더 나아가 각자 원하는 방향으로 커뮤니티를 세팅할 수 있다는 장점으로 Web 3.0 시대의 커뮤니티 멤버들에게 더욱 매력적인 플랫폼으로 인식되고 있습니다. 이처럼 디스코드는 기존의 커뮤니티 플랫폼에 비해 훨씬 자율적이고 다양한 활용이 가능하므로 사회적, 문화적, 경제적으로도 많은 사람에게 여러 가지 변화를 가져다 줄 것입니다.

001

차세대 온라인 커뮤니티, 디스코드

온라인 커뮤니티는 별도의 웹 사이트에서 운영되거나 카카오톡, 네이버, 다음, 스카이프 등의 플랫폼을 이용해 활동중입니다. 각각의 플랫폼은 장단점을 가지고 있지만, 디스코드는 우리가 알고 있는 플랫폼들의 장점을 한곳에 모아두었다고 볼 수 있습니다.

🎮 Discord × 디스코드 = 모든 SNS 플랫폼의 총합

디스코드는 카카오톡의 실시간 채팅과 음성 통화, 네이버나 다음 카페의 게시물 업로드 및 댓글, 쪽지 기능, 스카이프의 영상 통화 등 모든 소통 기능을 포함하고 있습니다. 특히 음성 통화나 영상 통화할 때 대기 시간을 줄여 빠르게 소통할 수 있도록 개발했습니다. 또한 방송을 진행하며, 화면을 공유할 수도 있고 스테이지 채널을 통한 온라인 강의나 이벤트도 진행할 수 있죠. 이 밖에도 디스코드는 다양한 봇(Bot)을 직접 제작할 수 있도록 API를 지원하고 보안성이 뛰어나 온라인 커뮤니티의 유저들이 마음껏 뛰어놀 수 있는 최적의 공간으로 자리매김하고 있습니다.

MEE6 봇 대시보드

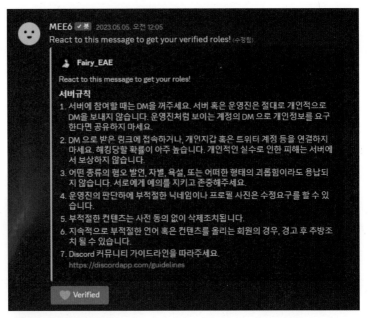

TIP ✦
봇에 대한 자세한 내용은
205쪽을 참고하세요.

디스코드 서버의 MEE6 봇

아직 디스코드를 사용해 보지 않았다면 봇이 생소할 수 있습니다. 디스코드의 봇은 서버 관리자가 입력한 정보에 맞춰 다양한 작업을 자동화하거나 이벤트용 게임, 추첨 등 여러 가지 기능을 제공하는 프로그램입니다. 가장 일반적으로 많이 사용하는 'MEE6' 봇을 커뮤니티 서버에 추가하면 서버에 입장한 멤버에게 자동으로 환영 메시지를 전달하거나 서버 입장에 필요한 인증, 채팅 수에 따른 레벨 상향 등과 같이 서버 관리에 필요한 많은 작업을 자동으로 처리할 수 있습니다. 봇은 개발자가 개발한 봇을 서버 관리자가 커뮤니티 서버에 추가하는 경우도 있고, 서버의 봇 개발 담당자가 직접 서버에 필요한 봇을 자체 제작하는 경우도 있습니다. 그래서 다양한 종류의 봇들이 있고 유저들은 다양한 방식으로 커뮤니티에서 봇을 활용할 수 있습니다.

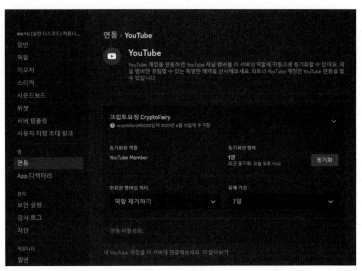

유튜브 파트너 연동

디스코드는 외부 플랫폼과도 연동할 수 있으므로 기존에 외부 플랫폼에서 활동 중인 인플루언서가 디스코드 서버를 만들어 팬과 소통하는 커뮤니티를 운영할 수 있습니다. 예를 들어, 유튜버의 경우 디스코드에 유튜브 파트너 계정을 연동하고 서버를 만들면 채널 일반 구독자 및 멤버십 등급별 구독자의 역할을 구분해 서버 안에서 소통할 수 있습니다. 게시글뿐만 아니라 실시간 채팅과 음성 채팅, 화상 채팅, 화면 공유, 게임 등 다양한 방식으로 소통할 수 있으므로 활발한 커뮤니티가 형성될 것입니다.

최근에는 서버 유료 구독 서비스가 생겨서 서버를 통한 수익을 창출할 수 있게 되었습니다. 하지만 아쉽게도 아직은 미국의 서버에서만 사용할 수 있는 시스템으로, 우리나라에서 사용하려면 좀 더 기다려야 합니다. 우리나라에서도 유료 구독 서비스가 지원된다면 바로 수익 창출을 시작할 수 있도록 준비하는 것이 좋겠죠?

1990년대 'Web 1.0' 시대에는 상호 소통할 수 있는 콘텐츠가 아니라 일방적이고 단순한 정보가 업로드되었고 유저는 '검색'을 통해 정보를 읽기만 할 수 있었습니다. Web 1.0 시대의 콘텐츠는 대부분 미디어 제작자나 방송국 같은 회사에서 만들었으므로 인터넷에서는 그저 종이 신문이나 책의 내용 정도만 검색할 수 있는 수준이었죠.

	Web 1.0	Web 2.0	Web 3.0
소통 방식	읽기	읽기, 쓰기	읽기, 쓰기, 소유
운영 주체	기업	플랫폼	네트워크
매체	정적인 텍스트	인터렉티브 콘텐츠	가상 경제
인프라	PC	클라우드, 모바일	블록체인, 메타버스
운영 권한	탈중앙화	중앙화	탈중앙화

웹 버전별 특징

인터넷의 발달로 1990년대 후반부터 유저들의 참여가 확대되면서 능동적으로 콘텐츠를 생산하고, 공유하며, 소통하는 'Web 2.0' 시대가 열렸습니다. 이때는 콘텐츠 생산자와 일반 유저의 양방향 소통이 가능하고 외부 사이트나 플랫폼에 개방되어 동적인 인터넷 환경을 만들어냈습니다. '유튜브(YouTube)', '블로그(Blog)', '페이스북(Facebook)', '인스타그램(Instagram)', '틱톡(TikTok)' 등의 플랫폼을 생각하면 됩니다. Web 2.0 시대에는 인터넷에서 유저들의 상호적인 활동이 가능해졌지만, 콘텐츠의 소유권과 통제권은 플랫폼에 있었습니다. 그래서 플랫폼 운영진의 결정에 따라 내가 만든 콘텐츠가 갑자기 사라질 수도 있었고, 개인 정보는 항상 해킹과 유출 위험에 노출되어 있으며, 서비스 중단 결정과 콘텐츠를 이용한 수익권은 모두 플랫폼에 있었죠.

최근에는 읽고 쓰는 기능과 보상과 소유의 개념까지 더해진 'Web 3.0'으로의 움직임에 힘입어 콘텐츠 생산자에게 수익을 분배해 주는 곳들이 늘어났지만, 아주 적은 양이었으므로 생산자들을 만족시킬 수 없었습니다. Web 3.0은 기존의 Web 2.0의 틀에서 벗어나 블록체인 기술을 기반으로 중앙 집권화된 데이터를 개인에게 되돌려주면서 탈 중앙시스템 구현을 목표로 하고 있습니다.

게임 커뮤니티

과학 기술 커뮤니티

교육 커뮤니티

디스코드는 Web 3.0 시대의 대표적인 커뮤니티 플랫폼이라고 알려 져 있지만, 처음부터 Web 3.0을 위한 플랫폼으로 디스코드가 만들 어진 것이 아닙니다. 엄밀히 따지면 디스코드는 아직도 Web 3.0에 해당하는 플랫폼이 아니죠. 개발에 친숙한 환경 덕분에 IT 업계의 많 은 관심을 받으면서 블록체인이나 NFT 관련 커뮤니티가 많이 생겼고, 뒤이어 '삼성'이나 '테슬라', '구찌', '벤틀리' 등 큰 기업에서도 커뮤니티 빌드업을 위해 디스코드에 서버를 만들기 시작했습니다. 그 결과, 디스코드의 기능과 기업의 명성으로 단기간에 많은 유저를 충분히 모을 수 있었습니다. 하지만 사실 아주 빠른 속도로 유저들을 가입시킨 것에 비해 활발하게 운영하지 못한 곳들도 있습니다. NFT 출시도 고려했지만, NFT 시장이 급격하게 식어버렸고, CS(Customer Service, 고객 서비스) 및 소통의 창구로 서버를 선택한 곳은 사실상 아직 디스코드가 많이 어색한 일반 유저들을 대상으로 하기에는 좀 이른 선택이었으므로 상황이 여의치 않았습니다. 오히려 '원신', '발로란트(Valorant)' '로블록스(Roblox)' 등의 게임 커뮤니티와 음악 채널 '로파이걸(Lofi Girl)', 공부 채널 'study together' 등 특정 관심사를 중심으로 구성된 커뮤니티가 유저들의 니즈를 충족해 주면서 성장했습니다.

블록체인이나 NFT 관련 커뮤니티는 블록체인을 기반으로 하는 Web 3.0 커뮤니티를 지향합니다. 그리고 디스코드는 시대의 흐름에 따라 Web 3.0에 부합하는 기능을 추가하면서 Web 3.0을 맞이하는 콘텐츠 제작자와 커뮤니티 운영자가 디스코드로 모여들기 시작했습니다. 디스코드는 단기간에 가입자 수가 폭발적으로 증가했지만, 고객 서비스와 지원이 매끄럽게 진행되었습니다. 왜냐하면 고객 서비스 소프트웨어인 '젠데스크(Zendesk)'를 활용해 서비스 지원 방식을 자동화했고 AI 기반의 셀프 서비스 솔루션을 적용해 유저들의 문의를 직원이 일일이 처리하지 않아도 되는 시스템을 구현했기 때문입니다. 이러한 셀프 서비스 솔루션은 유저의 문의나 문제를 직원이 일대일로 응대하기 전에 수많은 고객 경험의 데이터를 기반으로 유저가 직접 문의 내용에 맞는 해결책을 찾아볼 수 있게 하는 시스템으로, 덕분에 직원들은 번거롭고 소모적인 CS 업무 대신 더 중요한 업무에 시간과 에너지

TIP ✦
젠데스트(Zendesk)에 대한 자세한 내용은 33쪽의 '잠깐만요'를 참고하세요.

를 쓸 수 있게 되었고 수많은 피드백을 받아 새로운 기능이나 개선 사항을 처리하는 데 더욱 집중하고 있습니다.

'Web 3.0'이라는 개념이 유행처럼 퍼져나가면서 디스코드가 Web 3.0 시대의 대표적인 커뮤니티 플랫폼이라고 이야기하고 있습니다. 하지만 진정한 의미의 Web 3.0을 지향하는 커뮤니티 플랫폼이 되려면 블록체인을 기반으로 하는 토큰 생태계와의 병합, 유저에 대한 보상, 그리고 DAO의 활동을 통한 플랫폼 운영까지 고민해야 합니다. 2021년에 디스코드 CEO가 가상 자산 지갑 서비스 가능성을 시사했고, 디스코드에서 블록체인 산업과 관련된 NFT 커뮤니티가 활발하게 활동 중이며, 디스코드의 주력 커뮤니티인 게임도 'P2E(Play to Earn)' 산업의 확장으로 활동이 더욱 활발해질 것이라고 가정하면 앞으로 디스코드는 실제 Web 3.0 커뮤니티 플랫폼으로 자리 잡을 가능성이 매우 높습니다. 하지만 Web 3.0 네이티브 기업은 아니므로 Web 2.0+Web 3.0 형태의 기업 운영이 될 것으로 생각합니다.

TIP ✦
Web 3.0의 토큰 생태계와의 병합과 DAO에 대한 자세한 내용은 아래쪽의 '잠깐만요'를 참고하세요.

잠깐만요 | 용어 설명

● ● ●

◆ **젠데스크(Zendesk)**: AI를 기반으로 상담원 연결 없이 24시간 365일 고객 서비스를 제공할 수 있는 소프트웨어를 지원하는 기업

◆ **Web 3.0**: 기본적으로 블록체인 기반의 인터넷 환경과 경제 시스템은 토큰 생태계로 이루어지므로 Web 3.0 시대의 대표적인 커뮤니티 플랫폼을 지향하려면 토큰 생태계와 맞물려 운영되어야 합니다.

◆ **DAO(Decentralized Autonomous Organization)**: 탈중앙화 자율 조직으로, 별도의 경영자나 최고 관리자 없이 지분을 가진 사람들이 투표로 조직을 운영합니다. Web 3.0에서는 일반적으로 탈중앙화 자율 조직이 서비스를 운영해서 특정 기업이 독단적으로 서비스 운영 규정이나 수익의 배분을 임의로 결정할 수 없게 하는 형식으로 사용됩니다.

002
디스코드의
경제적, 사회적, 문화적 영향

코로나 팬데믹은 우리의 일상생활에 큰 변화를 가져왔습니다. 많은 기업이 재택 근무를 시작했고 온라인에서 새로운 비즈니스 모델을 발굴했죠. 뿐만 아니라 디스코드를 활용해 온라인 수업을 진행하는 등 코로나 팬데믹으로 디스코드가 확장되기 시작하면서 수많은 사용자의 업무 방식뿐만 아니라 학습 방식, 소비 방식, 인간 관계 등 다양한 면에서 큰 변화를 가져오고 있습니다.

화상 통화 예시(**출처**: 디스코드 고객센터)

코로나 팬데믹의 여파로 재택 근무가 늘어나면서 기업에서는 효율적인 재택 근무를 위해 원격 회의가 가능한 업무 플랫폼을 찾기 시작했습니다. 그러던 중 기존에 업무 메신저로 많이 이용하던 '슬랙(Slack)'과 유사하지만, 비용과 기능 측면에서 더 편리한 디스코드가 업무 메신저로 관심을 받게 되었습니다. 업무용 메신저로서 디스코드의 가장 두드러지는 장점은, 인원 무제한인 '음성 채널'과 '화면 공유'를 포함하여 25명까지 동시에 카메라를 켜고 나머지 인원은 시청할 수 있는 '화상 통화'를 시간 제한 없이 무료로 사용할 수 있다는 점입니다. 또한 부서나 업무에 맞춰 회의 채널을 생성하는 등 디스코드의 다양한 기능을 업무에 맞춰 효율적으로 활용할 수 있습니다.

최근 '카카오'는 근태 관리가 어려운 업무 포지션의 경우에는 업무 시간에 디스코드를 통해 팀원들과 연결을 유지하여 코어 근무 시간을 확정하는 새 근무제를 도입할 예정이라고 합니다. 직원들의 반발이 있어서 어떤 식으로 디스코드를 활용하게 될지는 알 수 없지만, 이미 많은 기업이 디스코드를 업무용 메신저로 활용하고 있습니다.

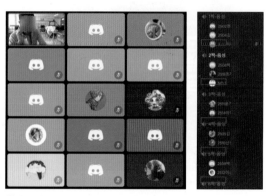

원격 수업 예시

일선 학교 역시 코로나를 피해갈 수 없었으므로 온라인 수업이 본격화되었습니다. 그 결과, 다양한 방식으로 온라인 수업을 진행하게 되었는데, 특히 디스코드를 활용한 양방향 수업이 주목을 받았습니다. 앞의 화면은 디스코드에서 전체, 짝, 모둠 등과 같은 채널을 열고 각 채널마다 정해진 학생들만 이용할 수 있도록 설정해 수업을 진행한 사례입니다. 이 방식은 선생님 혼자 수업을 진행하는 방식에서 벗어나

선생님과 학생들이 서로 소통하면서 학생들의 참여를 이끌어낼 수 있으므로 기존의 온라인 학습에 비해 다채로운 온라인 학습 커뮤니티를 만들어갈 수 있었습니다. 실제 이 수업을 진행한 선생님은 디스코드를 활용한 수업이 학습 공간의 구성과 관리가 쉽고, 카카오톡의 채팅과 줌의 화상 수업을 하나의 공간에서 운영할 수 있으며, 음성 채팅 품질이 좋다고 평가했습니다. 이 밖에도 '글래스 101(Class 101)'을 포함한 많은 온라인 강의 플랫폼에서는 디스코드를 활용한 라이브 강의가 운영되고 있습니다. 디스코드는 글로벌 접속이 가능하므로 클래스 101은 언어 교육이나 해외 원격 교육 영역에서도 충분히 활용 가치를 인정받을 수 있을 것으로 예상됩니다.

음식 NFT 사례(**출처:** 레이지고메클럽 홈페이지)

최근 크게 성장하고 있는 '무신사', '배달의민족', '오늘의집' 등의 유니콘 기업 역시 커뮤니티를 기반으로 하는 마케팅을 펼치고 있습니다. 배달의민족의 경우 '배짱이'라는 팬클럽을 중심으로 여러 가지 재미있는 활동을 꾸준히 진행하면서 팬슈머(Fansumer)를 만들어내고 있죠. 오늘의집은 단순히 인테리어 제품을 파는 것이 아니라 소비자들이 플랫폼에서 직접 인테리어 정보를 공유하고 소통하게 하여 커뮤니티를 키웠습니다. 커뮤니티는 더 이상 작은 집단의 모임 공간이 아니라 기업의 가치 향상을 위한 공간으로 충분한 활용 가치가 있음을 알 수 있는 대목이죠. 인스타그램이나 틱톡을 통한 마케팅의 경우에는 인플루언서와의 소통을 중심으로 한 마케팅 활동을 펼치고 있습니다. 특정 인플루언서의 삶을 공유하고 공감할 수 있는 콘텐츠를 제공하는 것이죠.

아쉽게도 아직까지는 디스코드 커뮤니티를 활용하여 실물 제품만 직접적으로 판매하는 기업의 사례는 없습니다. 하지만 구독이나 강의와 같은 온라인 서비스를 판매하거나 NFT 프로젝트팀에서 커뮤니티를 운영하여 NFT를 판매한 후 홀더들에게 실물 제품의 구매 혜택을 제공하는 경우가 있습니다.

TIP ✦
넷째마당에서 이런 사례를
자세히 다루어보겠습니다.

온라인 커뮤니티를 이용한 단합을 이끌어내기 위해 디스코드의 기능을 이용하여 모든 형태의 정보를 다양한 소통 방식으로 공유하고 소비를 위한 커뮤니티를 충분히 운영할 수 있게 지원하고 있습니다. 유지들은 제품을 구매하겠다는 목적보다는 그들의 삶을 공유하고 온라인 집단에서의 소속감과 개인의 성향에 좀 더 잘 맞는 정보를 얻기 위해 커뮤니티에 머물게 되는 것입니다.

최근에는 디스코드의 영상 통화를 활용해 온라인 영화관이나 온라인 독서실 등으로 활용하는 사례도 등장했습니다. 영상 통화의 화면 공유 기능을 이용해 온라인 공간에서 같은 영화를 감상하면서 공감하거나 서로 공부하는 모습을 보며 동기를 부여하는 것이죠. 디스코드 이전에는 '스카이프(Skype)'나 '줌(Zoom)'을 이용해서 이러한 활동이 가능했지만, 비용, 시간 제한, 보안 문제 등 여러 가지 걸림돌이 있었습니다. 하지만 디스코드는 무료이고, 시간 제한도 없으며, 보안성도 뛰어나고, 통화 품질도 좋아 많은 사람의 호응을 얻고 있습니다. 남녀노소 불문하고 디스코드에서 친목을 다지면 동시에 커뮤니티 활동까지 가능합니다. 더 나아가 Web 3.0 세계로 자연스럽게 연결된다면 지금의 카카오 문화처럼 우리의 일상과 함께 하는 디스코드 문화가 정착될 수 있을 것입니다.

이와 같이 디스코드의 확장은 사회적, 경제적, 문화적으로 큰 변화를 이끌어내고 있습니다. 추가로 Web 3.0과 메타버스에 대한 개념은 점차 확산되고 있지만, 가상 공간에서 일어나는 일에 대한 이해 자체가 어려울 수밖에 없습니다. 가상 공간으로 한순간에 넘어가는 것은 더욱 어려운 일일 것입니다. 지금의 삶과는 완전히 다른 모습의 삶이 펼쳐질 것이기 때문이죠. 디스코드가 전 세계적으로 수많은 유저를 바탕으로 Web 3.0 커뮤니티의 형태로 자리 잡는다면 유저들이 미래의 생활 공간이 될 메타버스의 세계로 자연스럽게 넘어갈 수 있는 완충 역할을 기대할 수 있을 것입니다.

디스코드 플레이북 전용 디스코드 서버로 초대합니다.

디스코드 플레이북의 전용 서버에서는 서로의 서버를 공유하고 디스코드와 관련된 정보를 확인할 수 있습니다. 직접 디스코드를 체험하며 모두 함께 어울릴 수 있는 전용 공간으로 여러분을 초대합니다.

디스코드의
기초 다지기

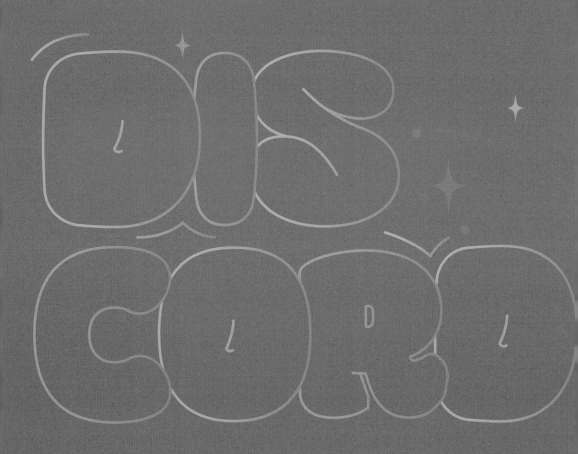

다른 커뮤니티 플랫폼처럼 디스코드도 처음에는 이용 방법을 알아가는 시간이 필요합니다. 특히 디스코드를 처음 접하는 사람들은 다소 어색할 수 있으므로 둘째마당에서는 디스코드의 기본 사용법에 대해 알아보겠습니다. 가장 먼저 시작해야 하는 단계인 디스코드 설치하기부터 계정 관리, 용어, 프로필 설정, SNS연동, 메시지 이용, 음성 및 영상 채팅 이용 등 정말 기본적인 메뉴 이용법을 알아보겠습니다. 또한 디스코드의 커뮤니티 공간인 서버 입장법이나 서버 안에서 다른 멤버들과 소통하는 방법 등을 알아보겠습니다. 이 서버 안에서 활동하려면 이모티콘, GIF, 멘션, 스포일러 태그, 반응, 메시지 고정 등 여러 가지 기능을 활용할 수 있어야 합니다. 처음에는 조금 복잡하다고 느낄 수 있지만, 직접 이용해 보면 금방 익숙해지고 재미있는 요소가 많으므로 순서대로 하나씩 따라해 봅시다.

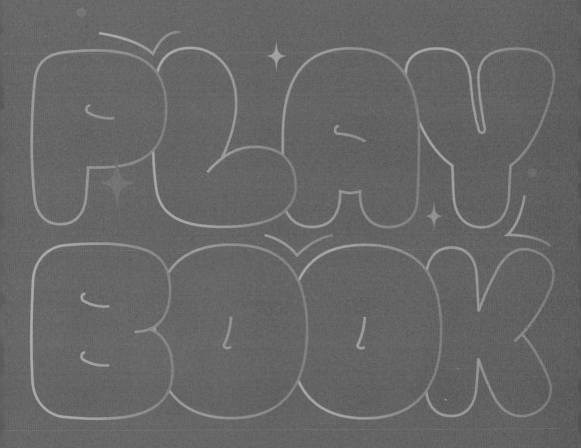

시작이 반,
디스코드
쉽게 시작하세요!

디스코드를 처음 접할 때는 누구에게나 어색하고 어려워 보일 수 있지만, 막상 시작하면 그리 어렵지 않게 이용할 수 있습니다. 시작이 반입니다! 디스코드를 설치하는 방법부터 회원 가입 후 계정을 만드는 과정을 순서대로 알아보고 디스코드에서 이용하는 용어도 차근차근 정리해 보겠습니다.

001 디스코드 설치하고 가입하기

디스코드 커뮤니티의 회원이 되기 위해 맨 첫 번째 단계인 디스코드 설치 방법과 가입 방법에 대해 알아보겠습니다. 디스코드는 PC에서도 사용할 수 있고 모바일 앱도 제공합니다. 이 책에서는 윈도우(Windows)를 기반으로 한 데스크톱과 안드로이드 모바일 버전을 기준으로 설명하겠습니다.

🎮 Discord × **데스크톱 버전**

1 디스코드 홈페이지(https://discord.com)에 접속한 후 [Windows 용 다운로드]를 클릭합니다.

TIP ✦
디스코드 홈페이지의 메뉴에서 [Download]를 클릭하면 맥(Mac)이나 리눅스용 설치 파일을 다운로드할 수 있습니다.

2 설치 파일이 다운로드된 경로로 이동한 후 설치 파일을 더블클릭하면 자동으로 설치가 진행됩니다. 설치가 완료되어 다음과 같은 화면이 표시되면 [가입하기]를 클릭하세요.

3 [계정 만들기] 화면이 표시되면 이메일, 사용자명, 비밀번호, 생년월일을 입력하고 [계속하기]를 클릭합니다. 봇을 방지하기 위한 화면이 표시되면 [사람입니다]에 체크 표시하고 화면에서 제시하는 대로 미션을 완료합니다. 해당 미션은 매번 다르게 제시됩니다.

TIP ✦
생년월일은 가입한 후에는 변경할 수 없으므로 신중하게 입력해야 합니다

4 마지막 단계입니다. **3**에서 입력한 메일 계정으로 전달된 인증메일을 열고 [이메일 인증]을 클릭하여 계정 생성을 완료하세요.

안녕하세요 이린언니 님,

Discord에 가입해 주셔서 감사합니다 시작하기 전에, 본인 확인을 해야 해요.
아래를 클릭해서 이메일 주소를 인증하세요:

이메일 인증 ── 클릭

도움이 필요하신가요? 지원팀에 문의하거나 Twitter로 연락하세요 @discord
피드백을 주고 싶습니까? 저희의 피드백 사이트에서 당신의 생각을 들려주세요.

Discord에서 보냄 · 블로그 확인하기 · @discord
444 De Haro Street, Suite 200, San Francisco, CA 94107

1 스마트폰에서 [Google Play Store]나 [App Store]를 터치하여 실행한 후 검색 창에 '디스코드'를 검색하여 설치합니다.

① 검색하기

Discord - 친구와
대화, 영상 채팅, 모임
Discord Inc.
인앱 구매

② 터치

설치

휴대전화에 설치, 더 많은 기기에 설치 가능

2 설치된 디스코드를 실행한 후 [가입하기]를 터치합니다.

3 본인 인증을 완료한 후 화면의 지시에 따라 사용자명과 비밀번호, 생년월일을 입력하고 [계정 만들기]를 터치합니다.

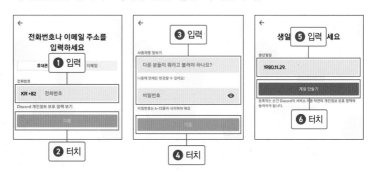

4 봇 방지 미션을 완료한 후 디스코드에서 사용할 프로필 사진이나 아바타를 선택하고 [다음]을 터치합니다.

TIP ✦
당장 프로필 사진을 설정하고 싶지 않다면 화면의 오른쪽 위에 있는 [건너뛰기]를 터치하세요.

5 디스코드에서 이메일 주소나 전화번호로 검색 허용 여부를 선택한 후 [다음]을 터치합니다.

6 디스코드의 기본 화면이 표시되면 **3**에서 입력한 메일 계정으로 전달된 인증 메일을 열고 [이메일 인증]을 터치하여 계정 생성을 완료합니다.

TIP ✦
이메일 인증의 경우 2주 안에 완료하지 않으면 계정이 사라질 수 있으므로 기한 안에 인증을 완료해야 합니다.

002

디스코드 계정 관리하기

디스코드 계정을 생성한 후 몇 가지 관리 방법에 대해 알아보겠습니다. 보안을 위한 전화번호 인증 및 OTP 인증 항목도 있으니 함께 살펴보겠습니다.

🎮 Discord × **디스코드 계정 비활성화하기**

디스코드는 계정을 완전히 삭제하는 대신 일시적으로 비활성화하여 다른 사람에게 노출되지 않도록 할 수 있습니다. 예를 들어, 일정 기간 동안 디스코드에 접속하지 않을 계획이라면 계정을 비활성화해 두고 다른 사람들의 연락을 받지 않을 수 있죠. 이렇게 비활성화한 계정은 언제든지 다시 활성화할 수 있습니다.

1 디스코드의 첫 화면에서 왼쪽 아래에 있는 ⚙ 아이콘을 클릭하면 사용자 설정을 변경할 수 있습니다.

049

2 '사용자 설정'에서 [내 계정]을 선택하고 '계정 제거'의 [계정 비활성화]를 클릭합니다.

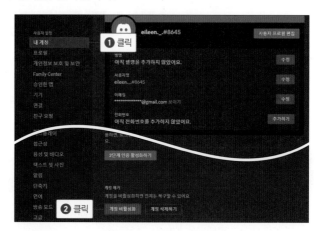

3 [계정 비활성화] 창에 비밀번호를 입력하고 [계정 비활성화]를 클릭하면 계정이 비활성화됩니다.

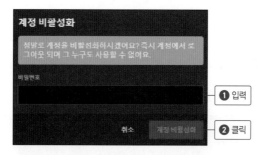

4 비활성화된 계정의 아이디로 로그인을 시도하면 [계정 비활성화됨] 창이 표시됩니다. 계정을 다시 활성화하고 싶다면 [계정 복구하기]를 클릭하여 바로 복구할 수 있습니다.

디스코드에서 더 이상 이용하지 않는 계정을 삭제할 경우 14일 간의 유예 기간이 주어집니다. 유예 기간 중에는 삭제한 계정을 다시 복구할 수 있고 14일이 지나면 계정이 영구 삭제됩니다.

1 디스코드 계정을 삭제하려면 '사용자 설정'에서 [내 계정]을 선택하고 '계정 제거'의 [계정 삭제하기]를 클릭합니다.

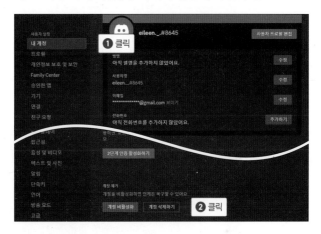

2 [계정 삭제하기] 창에 비밀번호를 입력하고 [계정 삭제하기]를 클릭하면 계정 삭제가 진행됩니다. 계정을 삭제해도 14일 간의 유예 기간이 있어서 곧바로 삭제되지 않고 14일 후에 완전히 삭제됩니다.

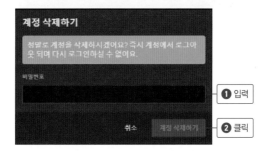

3 14일 안에 계정을 다시 복구하려면 계정을 복구할 계정으로 로그인하면 표시되는 [삭제 예정] 계정 창의 [계정 복구하기]를 클릭합니다.

🎮 Discord   x   **디스코드 계정 비밀번호 바꾸기**

1 디스코드 계정의 비밀번호를 변경하려면 '사용자 설정'에서 [내 계정]을 선택하고 '비밀번호와 인증'의 [비밀번호 변경하기]를 클릭합니다.

052

2 [비밀번호를 바꿔주세요] 창이 표시되면 현재 비밀번호와 새 비
밀번호, 새 비밀번호를 입력하고 [완료]를 클릭합니다.

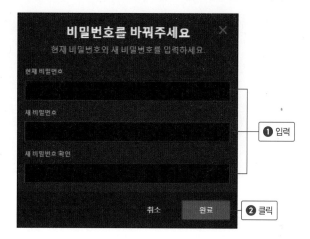

🎮 Discord ✕ **디스코드 전화번호 인증 추가 및 제거하기**

전화번호를 입력하지 않고도 디스코드를 사용할 수 있습니다. 하지만
보안을 위해 전화번호 인증이 완료된 계정만 입장 및 활동할 수 있는
서버가 많아지는 추세입니다. 또한 OTP를 이용한 2단계 인증 활성화
이후 복구 코드를 잃어버렸을 때 SMS 복구 인증할 수 있어서 전화번
호를 추가하는 것이 좋습니다.

1 디스코드의 '사용자 설정'에서 [내 계정]을 선택하고 '전화번호'의
[추가하기]를 클릭합니다.

2 [전화번호 입력하기] 창이 표시되면 국가번호 '+82'를 선택하고
추가할 전화번호를 입력한 후 [보내기]를 클릭합니다.

3 봇 방지를 위한 확인 창이 표시되면 [사람입니다]에 체크 표시합
니다.

4 **2** 에서 입력한 전화번호로 전송된 여섯 자리 코드를 입력합니다.

5 코드를 입력한 후 다음 사용자 계정 비밀번호를 입력하면 전화번호 추가가 완료됩니다.

TIP ✦
추가한 전화번호를 제거하려면 추가한 전화번호의 오른쪽에 있는 [제거하기]를 클릭하세요. 다만 전화번호를 제거한 후 다른 계정에 같은 전화번호를 추가하려면 24시간이 지난 후에 가능합니다.

OTP는 'One-Time Password'의 약자로, 1회용 비밀번호를 의미합니다. 금융 거래에서 OTP를 이용해 본 경험이 많을 겁니다. 디스코드 OTP 2단계 인증 로그인을 활성화하면 디스코드 비밀번호를 알고 있어도 로그인, 서버 삭제, 서버 소유권 이전 등의 중요한 사항을 처리할 때 OTP 인증을 한 번 더 거쳐야 합니다. 그러므로 디스코드의 보안을 강화하려면 OTP 2단계 인증을 활성화하는 것이 좋습니다.

1 디스코드의 '사용자 설정'에서 [내 계정]을 선택하고 '비밀번호와 인증'의 [2단계 인증 활성화하기]를 클릭합니다.

2 [2단계 인증 활성화하기] 창이 표시되면 비밀번호를 입력하고 [계속하기]를 클릭합니다.

3 2단계 인증을 활성화하려면 다음 세 가지 미션을 완수해야 합니다.

❶ 2단계 인증 앱 다운로드하기: 2단계 인증 앱(Authy 또는 Google Authenticator)을 [Google Play Store]나 [App Store]에서 검색한 후 설치합니다. 이 책에서는 Google Authenticator를 예시로 들 것이므로 Google OTP를 검색하여 설치한 후 엽니다. 이후 화면부터는 보안 정책상 이미지 캡처가 되지 않아 설명으로 대체하겠습니다.

❷ QR 코드 스캔하기: Google OTP에 디스코드를 등록해야 합니다. OTP 어플 화면의 오른쪽 아래에 있는 ⊞ 버튼을 클릭하고 QR 코드 스캔을 하거나 인증 키를 입력합니다. 인증 키는 수동으로 입력해야 하므로 QR 코드를 스캔하는 것이 더 편리합니다. QR 코드를 스캔하면 자동으로 해당 디스코드 계정이 OTP에 등록되고 인증번호인 여섯 자리 숫자가 생성됩니다.

❸ 보안 코드로 로그인하기: 생성된 여섯 자리 인증번호를 입력하고 [2단계 인증 키 활성화하기]를 클릭합니다.

복구 코드는 휴대폰을 분실하거나 고장나는 등 OTP를 이용할 수 없는 상황일 때 대신 사용할 수 있는 코드입니다. 그러므로 이런 상황을 대비해서 복구 코드를 받아두는 것이 좋습니다.

1 2단계 인증이 활성화되었다는 화면이 표시되면 [복구 코드 다운받기]를 클릭합니다.

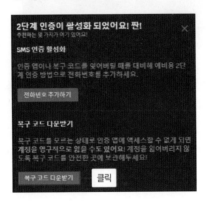

2 [복구 코드 다운받기]를 클릭해서 복구 코드를 다운로드하면 10개의 복구 코드를 확인할 수 있는데, 이것은 [내 계정 메뉴]에서도 확인할 수 있습니다. 복구 코드는 1회용으로 한 번 사용하고 나면 더 이상 사용할 수 없으므로 새로운 복구 코드를 생성받아야 합니다. 사용한 복구 코드는 왼쪽의 체크 박스에 체크 표시되므로 복구 코드를 거의 다 사용하고 나면 [새로운 복구 코드 생성]을 클릭하여 새로운 복구 코드를 생성하세요. 새로운 복구 코드를 생성하면 기존에 사용하지 않은 코드가 남아있어도 더 이상 사용할 수 없습니다.

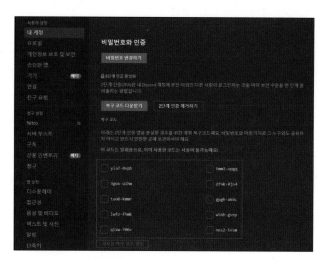

TIP ✦
다운로드한 복구 코드
를 찾아야 할 때는 PC에
서 'discord_backup_
codes.txt'라고 검색하세
요. 그러면 메모장에 저장
되어 있는 복구 코드를 찾
을 수 있습니다.

⬤ Discord ✕ **모바일 버전 OTP 2단계 인증 활성화하기**

1 디스코드 첫 화면의 메뉴에서
◎를 터치하고 [계정]을 터치합니다.

2 [2단계 인증 활성화하기]를 터치하고 계정 비밀번호를 입력한 후 [확인]을 터치하세요. 2단계 인증 앱을 다운로드하라는 메시지가 표시되면 화면의 안내에 따라 Google OPT를 설치하세요.

3 화면에 2FA 코드가 표시됩니다. [복사]를 터치하여 2FA 코드를 복사하고 [다음]을 터치합니다.

4 **2**에서 설치한 Google OPT를 실행한 후 ⊞버튼을 터치하고 복사한 2FA 코드를 붙여넣기하면 디스코드 계정이 자동으로 OTP에 등록되고 인증번호인 여섯 자리 숫자가 생성됩니다. 다시 디스코드 앱으로 되돌아와서 인증 코드를 입력한 후 2단계 인증이 활성화되었다는 화면이 표시되면 [완료]를 터치합니다.

5 2단계 인증을 활성화하면 [계정]에 [복구 코드 보기] 항목이 추가된 것을 확인할 수 있습니다. [복구 코드 보기]를 터치하고 비밀번호를 입력하면 이메일로 인증 키가 전송되는데, 이것을 복사해 디스코드의 [인증 키를 입력하세요] 창에 붙여넣기한 후 [확인]을 터치하면 복구 코드가 표시됩니다. 복구 코드는 다른 사람과 공유하지 말고 안전한 곳에 잘 저장해 두세요. 복구 코드는 1회용이므로 한 번 사용하고 나면 더 이상 사용할 수 없습니다. 이후 10개의 복구 코드를 모두 사용했다면 [새로운 복구 코드 생성]을 터치하여 새로운 복구 코드를 생성할 수 있습니다. 새로운 복구 코드를 생성하면 기존에 사용하지 않은 복구 코드가 남아있어도 더 이상 사용할 수 없습니다.

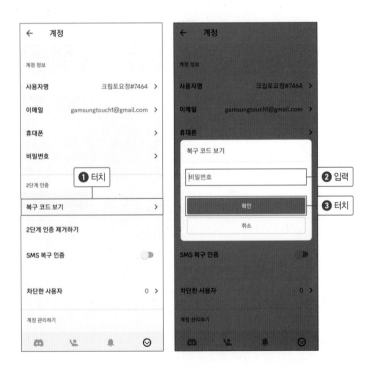

← 인증 키를 입력하세요

복구 코드 사용 가능

5ybwaxm2 ━ ➍ 복사

9drc8lfd

ehim595e

h9fovshh

i3c7hht1

mc8hngjh

mosvok2r

wnidh8ub

ymjrjmf7

zbbn1a03

새로운 복구 코드 생성

← 계정

계정 정보

사용자명   크립토요정#7464 >

이메일   gamsungtouch1@gmail.com >

휴대폰   >

인증 키를 입력하세요

추가 보안 조치의 일환으로 회원님의 이메일 주소로 키를
전송했어요. 조금만 기다리시면 확인할 수 있을 거예요.

━ ➎ 붙여넣기

확인 ━ ➏ 터치

취소

SMS 복구 인증

차단한 사용자   0 >

계정 관리하기

003 디스코드 살펴보기

디스코드 계정을 만들고 2단계 인증까지 활성화했다면 디스코드에 로그인 한 후 첫 화면이 어떻게 구성되어 있는지 살펴보겠습니다.

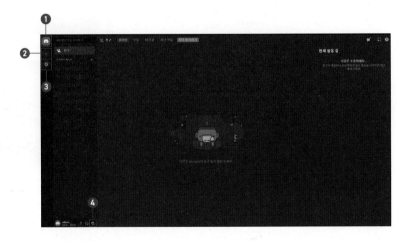

❶ 📧 **다이렉트 메시지**: 다이렉트 메시지를 주고받거나 친구 목록을 확인할 수 있습니다. 다이렉트 메시지에 대한 자세한 내용은 84쪽을 참고하세요. [대화 찾기 또는 시작하기]에 원하는 대화, 채널, 서버 등을 검색하여 바로 이동할 수 있습니다.

❷ ➕ **서버 추가하기**: 서버를 추가하면 같은 관심사를 가진 사람들과 커뮤니티를 구성할 수 있습니다. 서버 추가에 대한 자세한 내용은 101쪽을 참고하세요.

❸ 🧭 **서버 찾기 살펴보기**: [게임], [음악], [교육] 등의 다양한 카테고리를 제공하므로 원하는 디스코드의 서버를 쉽게 검색할 수 있습니다. 서버 이름을 알고 있다면 검색창에 원하는 해당 서버의 이름을 직접 입력하여 검색할 수 있어요.

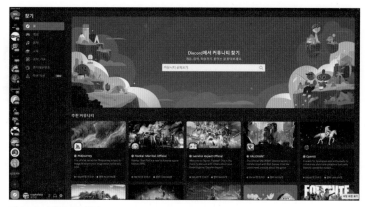

디스코드 커뮤니티 찾기

❹ ⚙️ **사용자 설정**: 디스코드의 계정과 관련된 설정 메뉴로 이동할 수 있습니다. 사용자 설정에 대한 자세한 내용은 73쪽을 참고하세요.

처음이어서 어색한
디스코드 용어 익히기

디스코드가 처음이라면 디스코드에서 사용하는 용어도 어색할 수 있습니다. 용어 자체는 이미 알 수도 있지만, 디스코드에서는 용도가 약간 다를 수 있으므로 디스코드에서 사용하는 용어를 한번 살펴보겠습니다.

❶ DM(Direct Message): '다이렉트 메시지' 또는 '디엠'이라고도 하는 DM은 개인 대 개인이 대화를 나눌 수 있는 일대일 채팅방으로, 텍스트뿐만 아니라 음성과 영상도 공유할 수 있습니다. DM에 대한 자세한 내용은 84쪽을 참고하세요.

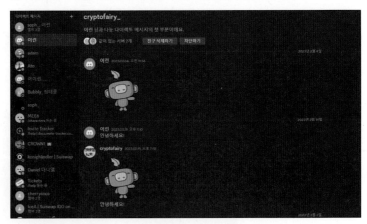

다이렉트 메시지

❷ 그룹 메시지(group message): 그룹 메시지는 10명 이하의 단체 대화방으로, DM처럼 텍스트, 음성, 영상으로 소통할 수 있습니다. 그룹 메시지에 대한 자세한 내용은 89쪽을 참고하세요.

❸ **화면 공유**: 내가 보고 있는 컴퓨터나 모바일의 다른 화면을 채팅방에 있는 사람들과 공유하여 함께 볼 수 있습니다. 화면 공유에 대한 자세한 내용은 94쪽을 참고하세요.

❹ **서버(server)**: '커뮤니티'라고도 하는 서버는 디스코드에서 가장 중요한 역할을 하는 공간입니다. 관심사가 비슷한 사람들이 모여서 네이버 카페와 같이 활동할 수도 있고 주제별로 게시판을 만들 수도 있어요. 디스코드의 각 게시판에서는 실시간 채팅 및 다양한 활동이 가능합니다. 서버에 대한 자세한 내용은 101쪽을 참고하세요.

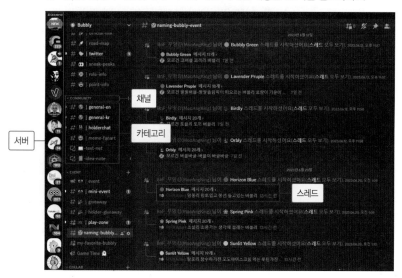

❺ **채널(channel)**: 서버(커뮤니티)에 생성된 각 게시판을 '채널'이라고 합니다. 각 채널에서는 실시간 채팅을 비롯한 다양한 활동이 가능해서 텍스트 채널과 보이스 채널로 설정할 수도 있고, 알림이나 스테이지, 포럼 등 여러 가지 형식의 채널을 만들어

운영할 수도 있습니다.

❻ **카테고리(category)**: 카테고리는 비슷한 주제의 채널을 묶어 둔 상위 폴더의 개념입니다. 카테고리에 대한 자세한 내용은 173쪽을 참고하세요.

❼ **멘션(mention)**: '@' 기호를 이용해 특정 사용자나 특정 역할을 부여할 수도 있고 '#' 기호를 이용해 특정 채널을 언급해서 사용자가 해당 채널로 곧바로 이동하게 할 수도 있습니다. 멘션에 대한 자세한 내용은 112쪽을 참고하세요.

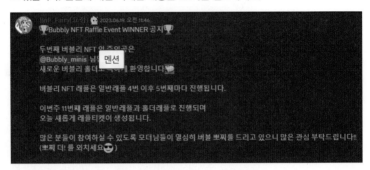

❽ **스레드(thread)**: 스레드는 채널 안에 하위 채널을 만들거나, 대화(DM) 도중 특정 주제에 대한 대화만 따로 할 수 있도록 채팅방 안에 또 다른 채팅방을 만들 수 있는 기능입니다. 스레드에 대한 자세한 내용은 130쪽을 참고하세요

❾ **명령어**: 명령어는 대화 중 '/'나 '!'를 입력하여 서버에 참여한 봇의 기능을 가져오는 역할을 합니다. 이때 각 봇마다 설정된 명령어와 기능이 다릅니다.

❿ **메시지 고정**: 대화 중 중요한 메시지가 사라지지 않도록 원하는 메시지를 고정할 수 있습니다. 이렇게 고정된 메시지는 사용자가 고정 탭에서 쉽게 찾아볼 수 있습니다.

⓫ 반응: SMS 게시물에 '좋아요'를 누르는 것처럼 채널의 게시물이나 대화 내용에 이모지나 서버 이모티콘을 활용해 반응을 남길 수 있습니다. 커뮤니티를 운영할 때 참여자의 반응을 살피거나 봇을 활용한 이벤트를 진행하는 등 다양하게 활용할 수 있습니다. 반응에 대한 자세한 내용은 218쪽을 참고하세요.

⓬ 서버 이모티콘(server emoticon): 서버 이모티콘은 서버(커뮤니티)에서 추가한 이모티콘으로, 기본적으로 해당 서버에서만 사용할 수 있습니다. 만약 다른 서버에서도 서버 이모티콘을 사용하려면 니트로(Nitro)를 구입(유료 구독)해야 합니다.

 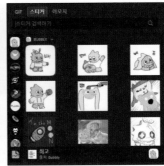

❸ **스티커(sticker):** 스티커는 이모티콘과 비슷한 형태로, 직접 그리거나 만들어서 서버에 등록할 수 있습니다. 서버 이모티콘과 마찬가지로 해당 서버에서만 스티커를 사용할 수도 있고 니트로(Nitro)를 구입한다면 다른 서버에서도 사용할 수 있어요.

❹ **디스코드 별명, 사용자명:** 디스코드 계정을 생성할 때 별명과 사용자명을 설정해야 합니다. 기존에는 '사용자명＋태그(숫자 네 자리)'로 설정했지만, 최근에는 숫자 네 자리가 사라지고 사용자명으로만 설정합니다. 누군가에게 디스코드 아이디를 전달해야 한다면 사용자명을 복사해서 보내면 됩니다.

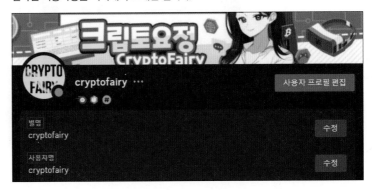

⓯ **서버 프로필**: 참여한 서버에서 이용하는 닉네임과 아바타(프로필 사진)를 따로 설정할 수 있습니다. 이때 니트로(Nitro)를 결제해야 합니다.

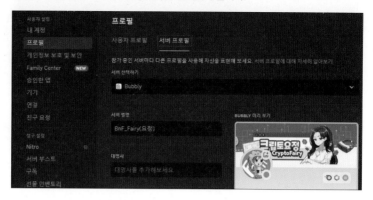

⓰ **니트로(Nitro)**: 디스코드의 유료 구독 서비스로, 프로필 업그레이드나 서버 프로필 추가 또는 서버 부스터 등의 기능을 이용할 수 있습니다.

모든 것이 가능한 메신저,
디스코드의
기본 메뉴 익히기

디스코드는 SNS의 다양한 기능을 합쳐 놓은 종합 메신저로, 여러 가지 방법으로 다른 사람들과 소통할 수 있습니다. 이번에는 디스코드에 자신을 알릴 수 있는 프로필을 설정하고, 다른 SNS와 연동하며, 친구 추가 및 삭제하기와 메시지 기능, 음성 채팅, 영상 채팅 등 디스코드의 기본 메뉴 이용법에 대해 알아보겠습니다.

디스코드의 각 기능만 살펴보면 다른 플랫폼에서도 가능하지만, 디스코드에서는 실시간으로 모든 기능을 무료로 이용할 수 있습니다. 특히 음성 채팅이나 영상 채팅은 커뮤니티 서버에서 멤버들과 곧바로 소통할 수 있는 유용한 기능으로, 다른 플랫폼과는 크게 구별됩니다.

001

나만의 디스코드 프로필 설정하기

SNS 플랫폼을 가입하면 가장 먼저 나만의 프로필을 설정해야 합니다. 디스코드도 자신만의 프로필을 설정해서 다른 사람에게 자신의 정보를 제공할 수 있습니다. 디스코드의 프로필은 기본 사용자 프로필과 서버 프로필을 구분해서 설정할 수 있는데, 각각의 프로필 설정 방법을 알아보면서 사용자 참여 상태를 표시하는 '사용자 상태 표시'도 설정해 보겠습니다.

🎮 **Discord** ✕ **사용자 프로필 설정하기**

1 디스코드의 '사용자 설정'에서 [내 계정]을 선택하고 [사용자 프로필]을 클릭합니다. 사용자 프로필이 표시되면 아바타와 배너, 내 소개 등을 변경할 수 있어요. [아바타 변경하기]를 클릭하면 [이미지 업로드]와 [GIF 고르기]를 선택하여 아바타를 변경할 수 있습니다.

2 여기서는 [이미지 업로드]를 클릭하여 내 컴퓨터에 저장되어 있는 이미지를 아바타로 설정하겠습니다.

TIP ✦
'아바타'와 '내소개'는 무료
로 수정할 수 있지만 'GIF
아바타'와 '배너'는 니트로
(Nitro)를 결제한 후에 사용
할 수 있습니다.

3 [이미지 편집하기] 창이 표시되면 아래쪽 슬라이드바를 좌우로 움직여서 프로필 이미지를 원하는 사이즈로 지정한 후 [적용하기]를 클릭하여 아바타를 변경합니다.

4 '내 소개'에 원하는 내용을 입력합니다. '내 소개'는 랜딩 페이지로 도 사용할 수 있으므로 연결하고 싶은 페이지의 URL을 추가할 수 있 습니다. 또는 간단한 기호를 붙여서 글자 꾸미기가 가능한 마크다운 문법을 이용해 소개 문구를 꾸밀 수도 있어요. 프로필을 수정한 후 [변 경사항 저장하기]를 클릭합니다.

TIP ✦

마크다운 문법을 이용하면
글꼴이나 색상 등을 바꿔
텍스트를 꾸밀 수 있습니
다. 마크다운 문법에 대한
자세한 내용은 119쪽을 참
고하세요.

Discord × **사용자 상태 표시하기**

1 디스코드의 첫 화면에서 프로필 사진을 클릭하면 설정한 프로필
내용이 표시됩니다.

2 프로필 상자의 상태 아이콘()에 마우스 포인터를 올려놓으면 기본 사용자 상태가 표시됩니다. '온라인', '자리 비움', '다른 용무 중', '오프라인 표시' 중에서 자신의 상태를 선택할 수 있습니다.

❶ 🎭 **온라인**: 기본 상태로, 디스코드에 접속하면 '온라인' 상태로 표시됩니다.

❷ 🎭 **자리 비움**: 디스코드에 로그인하고 일정한 시간 동안 활동하지 않으면 '자리 비움'으로 표시됩니다. 사용자가 직접 '자리 비움'을 선택하여 설정할 수 있어요.

❸ 🎭 **다른 용무 중**: '다른 용무 중'은 디스코드에 접속해 있지만, 다른 용무 때문에 방해받고 싶지 않다는 의미입니다. '다른 용무 중'에는 알림이 오지 않습니다.

❹ 🎭 **오프라인**: 디스코드에 접속되어 있지만, 다른 사용자에게 '오프라인' 상태로 표시하고 싶을 때 사용합니다. '오프라인' 상태에서도 정상적으로 디스코드 활동을 할 수 있습니다.

3 프로필 상자의 [사용자 지정 상태 설정하기]를 클릭하면 내가 원하는 문구와 상태 지속 시간을 설정할 수 있습니다. 원하는 내용을 입력하고 [저장]을 클릭하세요.

4 프로필 상자를 모두 설정했으면 입력한 내용대로 내 상태가 표시됩니다.

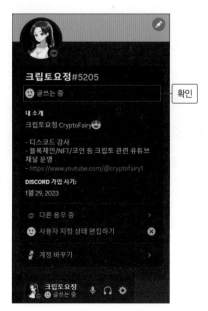

002 외부 플랫폼 연동하기

디스코드에 여러 가지 외부 플랫폼을 연결할 수 있습니다. 현재 디스코드에는 유튜브, 트위터, 인스타그램, 트위치(Twitch) 등의 SNS 플랫폼뿐만 아니라 페이팔(PayPal)과 같은 결제 시스템, 또는 스팀(Steam), 배틀넷(Battle.net) 등의 게임 플랫폼까지 다양한 플랫폼을 연동할 수 있고 계속 업데이트되고 있습니다. 이번에는 트위터 연동 방법을 예시로 디스코드에 외부 SNS 플랫폼의 연동 방법에 대해 알아보겠습니다.

🎮 Discord   x   SNS 플랫폼 연결하기

1 디스코드의 '사용자 설정'에서 [연결]을 선택합니다. 연결할 수 있는 SNS 플랫폼의 아이콘이 나열되어 있으면 연동할 SNS 플랫폼의 아이콘을 클릭합니다. 여기서는 트위터(🐦)를 선택했어요.

2 앱 인증 안내 화면이 표시되면 [앱 인증]을 클릭합니다.

TIP ✦
연동 전에 미리 연동할 SNS
플랫폼에 로그인하면 편리
합니다.

3 다음과 같은 연결 화면이 표시되면 창을 닫고 다시 '디스코드' 앱
으로 되돌아갑니다.

4 '디스코드' 앱으로 되돌아오면 **3** 에서 선택한 트위터 계정이 연결된 것을 확인할 수 있습니다. [프로필에 표시하기]를 체크 표시하여 활성화하면 디스코드 사용자 프로필에 연결된 SNS 플랫폼의 프로필이 표시되므로 다른 디스코드 사용자가 프로필을 클릭하여 연동한 프로필을 확인할 수 있습니다.

TIP ◆
이와 같은 방법으로 다른 SNS 플랫폼도 디스코드와 연동할 수 있습니다.

003

친구 추가 및 삭제, 차단하기

디스코드에서는 사용자와 소통할 친구를 추가 및 삭제할 수 있습니다. 또한 필요한 경우에는 다른 사용자를 차단할 수도 있어요. 디스코드는 사용자가 많은 소통 앱이므로 해킹을 목적으로 접근하는 사용자도 있으므로 모르는 사용자의 친구 신청은 항상 조심하는 것이 좋습니다.

🎮 Discord x 친구 추가하기

1 디스코드의 첫 화면에서 [친구]를 선택한 후 [친구 추가하기]를 클릭합니다.

2 '검색하기'에 추가할 사용자의 디스코드 태그를 입력하고 [친구 요청 보내기]를 클릭하여 친구 요청을 합니다.

TIP ✦
디스코드에서 친구를 추가하려면 추가할 사용자의 디스코드 태그를 알고 있어야 합니다.

3 친구 요청이 완료되면 친구 요청을 보냈다는 메시지가 표시됩니다.

4 상대방이 친구 요청 수락을 완료하면 화면의 왼쪽에 추가된 친구의 프로필이 표시됩니다.

🎮 Discord ✕ 친구 삭제하고 차단하기

1 [친구] 메뉴에서 삭제할 친구의 [기타] 아이콘(⋮)을 클릭하고 [친구 삭제하기]를 선택하면 친구 목록에서 해당 친구의 프로필이 사라집니다.

2 친구를 차단하고 싶으면 DM 화면에서 [차단하기]를 클릭합니다.

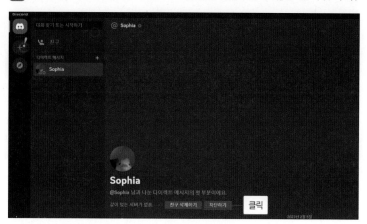

004

기본 중의 기본,
메시지 기능 알기

메시지는 일대일이나 그룹을 대상으로 전달할 수 있는 가장 기본적인 기능으로, 이용법도 간단합니다. 우리가 흔히 사용하는 메신저와는 다르게 텍스트 메시지를 진행하는 도중에 음성 채팅이나 영상 채팅으로 전환할 수 있습니다. 또한 다이렉트 메시지 전송 및 수신하기에서 확인되는 기능은 커뮤니티 서버의 실시간 채팅 창에서도 활용할 수 있는 기능입니다.

메시지 기능과 서버의 채팅은 조금 다릅니다. 일대일이나 그룹 메시지는 채팅 중간에 음성이나 영상으로 전환할 수 있지만, 이 기능은 커뮤니티 서버에서 이용할 수 없습니다. 서버에는 채팅 채널이 있고, 음성과 영상은 음성 채널에서만 가능합니다.

🎮 Discord ✕   다이렉트 메시지 전송 및 수신하기

1 디스코드 첫 화면의 [친구] 메뉴에서 다이렉트 메시지를 보낼 친구를 클릭하거나, 친구 목록의 프로필 옆에 있는 [메시지 보내기] 아이콘(💬)을 클릭하면 다이렉트 메시지 화면이 표시됩니다.

2 다이렉트 메시지가 처음이면 다음 화면과 같이 손 흔들기 스티커가 표시됩니다. [###에게 손 흔들기]를 클릭하면 채팅 창에 스티커가 표시됩니다.

TIP ✦
대화 상대가 메시지를 바로 확인하지 않으면 대화 상대의 프로필에 숫자가 표시됩니다.

3 화면 아래의 채팅 입력 창에 말하고 싶은 텍스트를 입력하고 Enter 를 누르면 채팅 창에 곧바로 메시지가 표시됩니다. 채팅 입력 창의 오른쪽에 보이는 GIF 📋 😊 아이콘 중에서 원하는 아이콘을 선택하면 GIF, 스티커, 이모지 등을 삽입할 수 있습니다. 검색 창에 원하는 감정이나 주제를 직접 검색해도 메시지와 함께 전달할 수 있어요.

TIP ✦
스티커는 니트로(Nitro)를 구독해야 사용할 수 있습니다.

4 메시지와 함께 파일을 업로드하려면 채팅 입력 창의 ➕ 버튼을 클릭합니다.

5 파일 업로드 선택 창이 표시되면 [파일 업로드]를 선택하고 원하는 파일을 선택합니다.

6 대화하는 도중에 채팅 창에 고정하고 싶은 메시지가 있으면 '고정하기' 기능을 활용해 보세요. 채팅 창의 메시지를 마우스 오른쪽 버튼으로 클릭한 후 [메시지 고정하기]를 선택하면 해당 메시지를 현재 채팅방에 고정해 두고 쉽게 찾아볼 수 있습니다. 고정된 메시지는 채팅 창 위에 표시되는  아이콘을 클릭하면 언제든지 쉽게 확인할 수 있습니다.

채팅 창의 메시지에서 마우스 오른쪽 버튼을 클릭하면 채팅방에서 사용할 수 있는 다양한 메시지 메뉴를 확인할 수 있습니다.

❶ **반응 추가하기**: 해당 메시지에 이모지를 다는 것을 뜻합니다. [반응 추가하기]에 마우스 포인터를 올려놓으면 자주 쓰는 이모지 목록이 나타나고 원하는 이모지를 선택하면 메시지에 표시됩니다.

❷ **슈퍼 반응 추가하기**: 애니메이션 기능이 추가된 이모지를 다는 것을 뜻합니다. 니트로(Nitro) 구독자만 이용할 수 있는 기능으로, 아직 베타 버전이어서 모든 서버와 멤버에게 적용되지 않습니다.

❸ **메시지 수정하기**: 해당 메시지 내용을 수정할 수 있습니다.

❹ **메시지 고정하기**: 해당 메시지를 채팅 창의 위쪽에 고정할 수 있습니다. 메시지를 고정한 후 채팅 창의 위쪽에 있는 ★ 아이콘을 클릭하면 고정한 메시지를 확인할 수 있어요

❺ **답장**: 해당 메시지에 답장을 할 수 있습니다.

❻ **텍스트 복사하기**: 해당 메시지의 텍스트를 복사할 수 있습니다.

❼ **읽지 않음으로 표시**: 해당 메시지를 '읽지 않음'으로 표시하면 메시지를 읽기 전으로 되돌아가 'New'라고 표시됩니다.

❽ **메시지 링크 복사**: 해당 메시지의 링크를 복사하여 외부에 전달할 수 있습니다. 전달받은 사람은 링크를 클릭하여 해당 메시지의 위치로 곧바로 이동할 수 있어요.

❾ **메시지 말하기**: 해당 메시지를 음성으로 읽어줍니다.

❿ **메시지 삭제하기**: 해당 메시지를 삭제할 수 있습니다.

⓫ **메시지 ID 복사하기**: 선택한 메시지의 고유 ID를 복사합니다. 디스코드의 채널, 메시지, 서버 등은 모두 각 요소를 구별할 수 있는 고유 ID로 구성되어 있습니다. 이 항목은 디스코드 [설정]에서 [개발자 모드]가 활성화되어 있어야 표시되는 항목으로, [메시지 ID 복사하기]를 선택하면 디스코드 관련 코딩 작업에 필요한 고유 ID를 복사할 수 있습니다.

그룹 메시지 사용하기

그룹 메시지를 사용하면 여러 명의 친구를 초대하여 하나의 창에서 소통할 수 있습니다.

1 [친구] 메뉴의 [새로운 그룹 메시지](🗨️)를 클릭하고 원하는 친구를 체크 표시하여 선택한 후 [DM 생성]을 클릭합니다.

2 그룹 메시지 창이 만들어지면 다이렉트 메시지 목록에 그룹 메시지 창이 표시됩니다. 채팅 창의 오른쪽에는 현재 그룹 메시지 창에 포함된 친구 목록이 표시되는데, 소통 방법은 일대일 채팅 창과 같습니다.

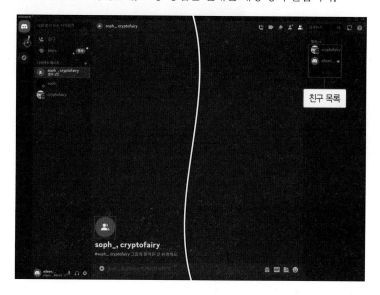

005

편하게 대화해요!
음성 통화 & 영상 통화

디스코드의 음성 통화와 영상 통화를 활용하면 일대일이나 다자간 그룹과 자유롭게 대화할
수 있습니다. 특히 음성 통화 중 화면을 공유하거나 영상 통화로도 전환할 수 있으므로 매우
유용합니다. 음성 통화와 영상 통화는 커뮤니티 서버의 음성 채널에서 동일하게 이용할 수 있
는 기능으로, 커뮤니티 서버에서는 즉시 멤버와 소통할 수 있어서 활용성이 아주 높습니다.

Discord   x   **음성 통화 및 영상 통화하기**

1 음성 통화나 영상 통화를 시작하려면 친구 목록 중 대화할 친구
프로필에서 [기타] 아이콘(⋯)을 클릭하고 [음성 통화 시작하기]나 [영
상 통화 시작하기]를 선택하세요.

TIP✦
다이렉트 메시지로 대화
중이었다면 채팅 창 위에
표시되는 📞나 📹를 클릭
하여 음성 및 영상 통화로
전환할 수 있습니다.

2 상대방이 음성 통화를 수락하기 전까지 상대방의 프로필 사진이
블러 처리된 상태로 보여집니다. 반대로 다른 사용자가 통화를 요청했
다면 '전화 수신 중...'이라는 팝업 창이 표시됩니다.

3 상대방이 음성 통화를 수락하면 상대방의 목소리나 영상과 함께 프로필 사진이 명확하게 표시됩니다. 통화로 연결된 사용자들 중에서 말하고 있는 사람이 있다면 해당 사용자의 프로필에 초록색 아이콘이 표시됩니다. 다음 화면은 음성 통화 중 표시되는 화면으로, 음성 통화 중 영상 통화로 전환하려면 왼쪽 아래에 표시된 아이콘 중 ▶ 아이콘을 클릭하세요.

4 영상 통화를 요청했다면 상대방이 수락하기 전까지는 내 화면만 표시됩니다. 반면 상대방이 영상 통화를 수락하면 상대방 화면이 크게 나타나면서 내 화면은 오른쪽 아래에 작게 표시됩니다.

❶ **카메라 켜기/끄기**: 영상 통화를 하고 싶을 때 카메라를 켜거나 끌 수 있습니다.

❷ **활동**: 함께 유튜브를 시청하거나 게임을 진행할 수 있습니다.

❸ **화면 공유하기**: 음성 통화나 영상 통화 중 상대방과 화면을 공유할 수 있습니다. 화면 공유에 대한 자세한 내용은 94쪽을 참고하세요.

❹ **음 소거/음 소거 해제**: 음성 통화나 영상 통화를 할 때 소리를 켜고 끌 수 있습니다.

❺ **종료**: 음성/영상 통화를 종료합니다.

🎮 **Discord**   x   **영상 통화의 배경 화면 설정하기**

영상 통화 중 내가 있는 장소의 배경이 신경 쓰인다면 원하는 배경 화면을 설정할 수 있습니다. 통화하는 장소에 구애받지 않고 원하는 배경을 설정할 수 있는 것이죠.

1 배경 화면은 '사용자 설정'의 [음성 및 비디오]에서 설정할 수 있습니다. 설정 항목 중 '영상 배경'에는 이용할 수 있는 영상 배경이 나열되어 있고 기본적으로 [없음]이 설정되어 있어요.

2 '영상 배경' 목록 중에서 원하는 배경을 선택하면 영상 통화 중 '영상 배경'에서 선택한 배경을 미리 확인할 수 있습니다.

TIP ✦
[사용자 지정]을 선택하면
원하는 이미지를 배경으로
설정할 수 있지만, 니트로
(Nitro)를 결제한 후 사용할
수 있습니다.

화면을 공유하면 음성/영상 통화 중인 다른 사용자와 같은 화면을 보면서 대화할 수 있습니다. 이번에는 화면을 공유하는 방법과 공유한 화면을 확인하는 방법에 대해 알아보겠습니다.

1 음성/영상 통화 중 채팅 화면에서 [화면 공유하기] 아이콘(🖥)을 클릭합니다.

2 [화면 공유] 창에는 현재 내 컴퓨터에 실행 중인 [애플리케이션]과 [화면]이 목록으로 표시되므로 원하는 화면을 선택합니다.

3 공유할 화면을 선택하면 방송 채널과 품질 등의 설정을 변경할 수 있지만, 기본 설정보다 좋은 품질로 화면을 공유하려면 니트로(Nitro)를 구독해야 합니다. 설정을 확인하고 [Go Live]를 클릭하세요.

4 화면 공유가 시작되면 [화면 공유] 창에서 선택한 화면을 상대방과 함께 공유하면서 대화할 수 있습니다.

TIP✦
영상 통화 중이면 카메라 화면 대신 공유 중인 화면이 표시됩니다.

디스코드의 활동은 음성 채팅에서 게임을 하거나 유튜브를 시청하는 등의 활동을 함께 하는 것을 뜻합니다.

1 음성 채팅 화면에서 [활동] 아이콘(🚀)에 마우스 포인터를 올려 놓으면 가능한 활동이 표시됩니다. 이 중에서 원하는 활동을 선택하세요. 여기서는 유튜브를 선택했습니다.

TIP ✦
[SEE ALL]을 클릭하면 더 많은 활동을 확인할 수 있습니다.

2 'Watch Together' 어플이 내 계정에 접근하는 것을 승인한 후 유튜브 약관에 대한 동의 버튼인 [Got it]을 클릭합니다. 이 작업은 처음 실행할 때만 설정해 두면 됩니다.

3 [You are hosting] 창이 표시되면 함께 시청할 영상을 검색하고, 플레이 리스트로 구성할 수 있으며, 영상 시청 상태를 조절할 수도 있습니다. 또한 화면의 버튼을 클릭하면 호스트 작업 권한을 다른 사람에게 부여할 수도 있습니다.

4 검색 창에 원하는 키워드를 입력하여 검색한 후 실행되는 영상 중 원하는 영상을 클릭하면 왼쪽 화면에 영상이 재생됩니다.

화면 중간에 표시되는 'Expand Video'를 클릭하면 큰 화면으로 시청할 수 있습니다. 큰 화면으로 시청 중에 다시 영상 리스트가 있는 곳으로 되돌아가려면 화면 왼쪽에 나타나는 [Open Playlist]를 클릭하세요.

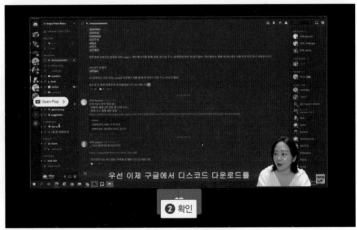

6 영상 시청 중 왼쪽 아래에 보이는 [채팅 표시하기] 아이콘(⌃)을 클릭하면 텍스트 채팅 창이 표시됩니다. 만약 기존의 채팅 창이 진행 중이면 그대로 표시됩니다. 채팅을 다시 숨기려면 채팅 창의 왼쪽 위에 있는 [채팅 숨기기] 아이콘(⌄)을 클릭합니다.

채팅 표시하기

채팅 숨기기

003

디스코드의
커뮤니티 세계,
서버 이용하기

디스코드의 가장 핵심적인 기능인 서버(server)에서는 디스코드의 다양한 기능을 활용해

여러 가지 이벤트를 진행하면서 나만의 커뮤니티를 운영하고 나만의 플랫폼으로 활용할

수 있습니다. 디스코드의 서버에서는 같은 관심사를 가진 사람들

과 그룹 채팅을 하거나 다자간 통화를 할 수 있어요. 이 외에

도 디스코드의 서버 안에서 소통할 수 있는 방법은 다양

합니다. 일반 채팅 채널, 음성 채널, 스테이지 채널 등

을 생성하여 각 채널의 다양한 기능을 이용해서 소

통할 수 있습니다. 이번에는 디스코드의 서버 안에

서 다양하게 소통하는 방법에 대해 알아보겠습니다.

001

디스코드 서버 입장하기

디스코드 서버는 디스코드 정책에 따라 일정 기준 이상의 규모가 되면 검색 가능한 공개 서버로 등록할 수 있고 서버 주인의 설정에 따라 검색 여부도 결정할 수 있습니다. 그리고 서버 주인이 서버 입장 조건으로 인증의 단계를 만들어 두었다면 멤버는 인증을 완료해야만 서버에 입장할 수 있어요. 이러한 부분이 디스코드의 접근성을 어렵게 한다는 의견도 있지만, 이러한 특성을 잘 활용하면 오히려 정확한 타깃 집단을 위한 프라이빗 커뮤니티를 운영할 수 있습니다. 이번에는 서버에 입장하는 방법과 입장할 때 인증하는 방법에 대해 알아보겠습니다.

🎮 Discord x 디스코드에서 서버 검색하기

디스코드의 [서버 찾기 살펴보기]를 클릭하면 디스코드의 다양한 커뮤니티를 쉽게 검색할 수 있습니다. [게임], [음악], [교육] 등의 다양한 카테고리를 제공하므로 원하는 분야의 커뮤니티를 직접 검색할 수 있죠.

1 디스코드의 시작 화면에서 [서버 찾기 살펴보기] 아이콘(🧭)을 클릭하면 '추천 커뮤니티'와 서버를 검색할 수 있는 화면이 표시됩니다. [게임], [음악], [교육] 등의 카테고리별로 분류되어 있으므로 카테고리를 직접 선택하거나 검색 창에 원하는 서버를 검색할 수 있어요.

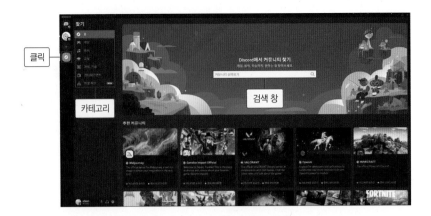

클릭

카테고리

검색 창

2 원하는 서버를 검색한 후 표시되는 서버 이름을 클릭하면 해당 서버로 입장할 수 있어요. 서버에 입장한 후 공지를 확인하고 [##에 참가하기]를 클릭하면 서버의 채널을 확인할 수 있습니다.

클릭

TIP ✦
서버에 따라 전화번호 인
증을 거쳐야 할 수도 있습
니다.

3 서버에 따라 별도의 인증 없이 입장할 수 있는 서버도 있지만, 서버 보안을 위해 인증 과정을 설정한 서버도 있습니다. 이런 서버의 경우 별도의 인증 과정을 거쳐야 서버의 채널 목록을 확인할 수 있습니다. 인증 과정은 인증봇에 따라 다르므로 모두 설명할 수는 없지만 대부분의 과정은 비슷합니다.

인증 규칙을 읽고 체크하는 경우도 있고 단순한 미션을 수행하는 경우도 있습니다. 여기서는 Bubbly 서버의 'Pendaz Guard Beta' 인증봇을 이용하여 인증하는 방법을 알아보겠습니다. 인증 화면에서 [Verify]를 클릭하세요.

4 서버에 입장하기 전에 반드시 기억해야 규칙이 표시되므로 내용을 확인하고 [Continue]를 클릭합니다.

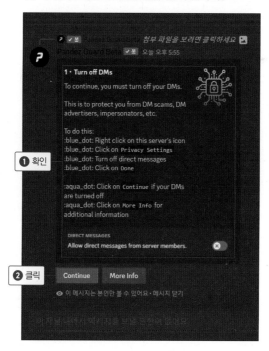

5 표시되는 이미지의 동물을 맞추는 간단한 퀴즈가 제시되면 정답을 제출하세요. 퀴즈는 과일과 숫자 등 관리자의 설정에 따라 달라질 수 있습니다.

6 인증이 완료되면 입장한 서버의 채널 목록을 확인할 수 있습니다.

공개 서버의 경우 해당 서버가 일정한 기준을 충족한 상태에서 서버 주인이 공개 서버에 등록해야만 검색할 수 있습니다. 만약 원하는 서버가 일정한 기준을 충족하지 못했거나 공개 서버에 등록되어 있지 않다면 [서버 찾기 살펴보기]에서 검색할 수 없어요. 우리나라 커뮤니티의 경우 공개 서버에 등록되어 있지 않은 소규모 서버가 많습니다. 또한 전 세계인이 사용하는 디스코드에서 원하는 국내 서버를 검색하는 것도 생각보다 쉽지 않습니다. 이런 경우에는 국내 디스코드 서버만 검색할 수 있는 사이트를 활용해 보세요. 디스코드의 [서버 찾기]에서 검색하는 것보다 더 많은 서버를 찾아볼 수도 있고 각 서버에 대한 설명이나 리뷰도 함께 확인할 수 있습니다.

♦ **DISBOARD**: 국내 디스코드 서버들이 모여있는 곳으로, 국내의 소규모 서버들을 찾을 수 있습니다. 카테고리와 인기 태그로 분류되어 있어서 쉽게 검색할 수 있을 뿐만 아니라 서버에 대한 리뷰도 확인할 수 있습니다. 하지만 주제가 다소 불법적인 서버들도 있어서 주의해야 합니다.

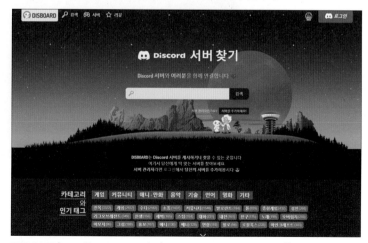

DISBOARD(https://disboard.org/ko)

◆ **Dicoall**: 국내 디스코드 서버를 찾을 수 있습니다. 키워드 검색 및 대화, 게임, 음악, 방송 등의 활동에 따라 검색할 수도 있고 인원 수와 활동 수(채팅수, 통화 수) 등의 순위에 따른 서버도 확인할 수 있어요. 또한 봇 목록, 서버에 대한 리뷰도 확인할 수 있습니다. 디스코드와 달리 불법적인 주제를 다루는 서버는 없습니다.

Dicoall((https://kr.dicoall.com/ko)

좀 더 적극적으로 해외 디스코드 서버를 검색하려면 해외 서버를 찾을 수 있는 다음 사이트를 활용해 보세요. 국내보다 훨씬 주제가 다양한 서버를 찾을 수 있지만 국내 서버는 검색되지 않습니다.

top.gg(https://top.gg/servers)

Discordservers(https://discordservers.com)

discord.me(https://discord.me/servers)

초대 링크 이용하기

디스코드에 서버는 생성했지만 아직 서버의 규모가 작아 공개 서버
에 등록할 수 없거나, 서버의 규모와 상관없이 공개 서버에 등록되지
않은 서버는 해당 서버의 초대 링크를 통해서만 서버에 입장할 수 있
습니다. 이번에는 필자가 커뮤니티 매니저로 활동하고 있는 'Bubbly
and Friends'라는 NFT 프로젝트 서버를 예시로 살펴보면서 초대
링크로 서버에 입장하는 방법을 알아보겠습니다.

1 초대 링크(discord.gg/bnf)를 클릭하면 우선 웹 브라우저를 거쳐야 합니다. 웹 브라우저에 표시된 [Discord로 계속하기]를 클릭하세요.

2 자동으로 디스코드가 실행되면 [Buddy 참가하기]를 클릭하여 초대한 서버에 바로 입장할 수 있습니다.

3 입장한 서버에서 나가고 싶다면 서버 아이콘을 마우스 오른쪽 버튼으로 클릭한 후 [서버 나가기]를 선택합니다. 서버를 나가는 이유를 선택하는 화면이 나타나면 이유를 선택하거나 '다시 보지 않기'에 체크 표시하세요. [다시 보지 않기]에 체크 표시하면 다음부터는 이 화면이 나타나지 않습니다.

4 정말 서버에서 퇴장할 것인지 확인하는 화면이 표시되면 다시 [서버 나가기]를 클릭합니다.

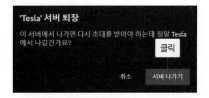

002

채팅 채널만으로도 즐겁다!

서버의 채팅 채널에서는 다양한 사람들과 채팅할 수 있습니다. 여기에서는 실시간 채팅 중 특정 메시지에 답장하는 방법과 이모티콘이나 GIF, 멘션, 스포일러 태그, 반응 추가하기 등을 활용해서 소통하는 방법에 대해 알아볼게요.

🎮 Discord   x ## 특정 메시지에 답장하기

실시간 채팅 중 특정 메시지에 대한 답을 하고 싶다면 답장할 메시지에서 마우스 오른쪽 버튼을 클릭하고 [답장]을 선택합니다. 그러면 채팅 입력 창 위에 '##님에게 답장하는 중'이라는 메시지가 표시되고 선택한 메시지에 답장할 수 있어요.

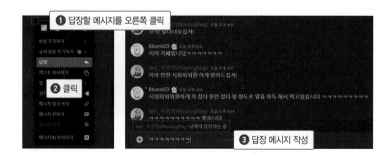

채팅 입력 창의 오른쪽 끝에 있는 [이모티콘]이나 [GIF]를 클릭하면 채널 채팅 창에서 이모티콘과 GIF로 소통할 수 있습니다. 또한 채팅 창이나 게시글에 이모지를 남겨 반응할 수도 있습니다. 이모지를 사용 하려면 반응을 남기고 싶은 글을 클릭하고 이모지 버튼이 표시되면 클 릭한 후 원하는 이모지를 선택하면 됩니다. 이모지 창에서 원하는 이 모지를 선택하면 이모지로 소통할 수 있는 것이죠. 이 밖에도 이모지 는 상대방에게 해당 메시지를 확인했음을 알리는 의미로도 사용할 수 있습니다.

디스코드 커뮤니티를 운영한다면 특정 게시글에 대한 멤버들의 반응 을 살펴보기 위해 이모지로 반응하기를 이벤트로 진행할 수 있습니다. 자체적으로 이벤트 규칙을 정할 수도 있고, 이벤트 진행봇을 활용할 수도 있어요.

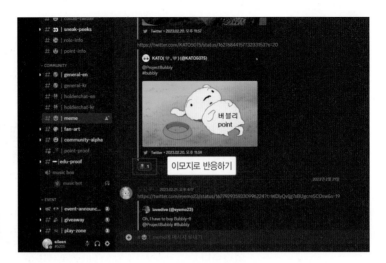

TIP ✦
대부분의 이벤트 진행봇에
는 추첨 기능이 포함되어
있습니다.

🎮 Discord x 멘션(@) 이용하기

채팅 입력 창에 '@'을 입력하면 같은 서버에 있는 사용자 목록이 표시
됩니다. 목록에서 원하는 사용자를 선택한 후 메시지를 입력하면 해당
사용자에게 메시지를 전달할 수 있습니다. 이것은 인스타그램이나 카
카오톡의 맨션과 같은 기능입니다.

스포일러(spoiler)란, 영화나 소설 등의 줄거리나 결말 등을 이야기하여 감상하는 재미를 떨어뜨리는 행위를 말합니다. 디스코드에서 스포일러는 채팅 중 이미지나 메시지의 일부를 가린 상태로 채팅 창에 표시한 후 사용자가 직접 클릭했을 때만 내용을 확인할 수 있게 하는 기능입니다.

1 채팅 창에서 스포일러 기능을 사용하려면 채팅 입력 창에 메시지를 입력하고 가릴 텍스트를 블록으로 지정한 후 ◉ 아이콘을 클릭하거나 가릴 텍스트의 앞뒤에서 Shift + ₩ 를 눌러 마크다운 '||'를 입력하면 됩니다.

TIP ✦
마크다운에 대한 자세한 내용은 119쪽을 참고하세요.

① 블록 지정 / **② 클릭**

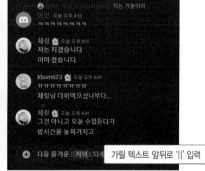

가릴 텍스트 앞뒤로 '||' 입력

2 입력한 메시지 중 일부를 블록 지정하는 것이 번거롭다면 채팅 입력 창에 '/spoiler'를 입력하고 원하는 메시지를 입력해도 스포일러로 처리할 수 있습니다.

TIP ✦
모바일 버전에서는 마크다운(||)이나 명령어(/spoiler)로만 스포일러로 처리할 수 있습니다.

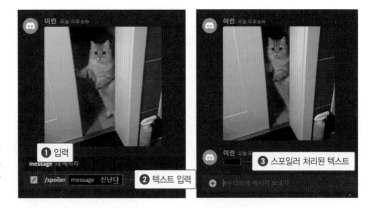

3 텍스트가 아닌 채팅 창에 공유하는 이미지나 파일을 스포일러 처리하려면 우선 채팅 창의 왼쪽 아래에 있는 ➕ 아이콘을 클릭하고 업로드할 이미지를 선택합니다. 이미지가 표시되면 이미지를 선택한 후 이미지의 오른쪽 위에 있는 👁 아이콘을 클릭합니다.

4 이미지가 블라인드 처리되고 이미지의 정가운데에 '스포일러' 문구가 표시됩니다. 이 상태로 이미지를 업로드하면 이미지가 가려진 상태로 전달됩니다. 스포일러 기능을 이용해 업로드된 이미지를 확인하려면 이미지의 정가운데 있는 '스포일러' 문구를 클릭해 보세요. 블라인드로 처리된 이미지를 확인할 수 있습니다.

채팅 창에서 대화하는 도중에 중요한 메시지가 있다면 공지 사항과 같이 채팅 창에 메시지를 고정할 수 있습니다. 고정된 메시지는 채팅방에서 대화하는 다른 사용자도 언제든지 확인할 수 있어요.

1 고정하려는 메시지 위에 마우스 포인터를 올려놓고 [기타] 아이콘(**⋯**)을 클릭한 후 [메시지 고정하기]를 선택하면 메시지가 채팅 창에 고정됩니다.

2 고정한 메시지는 채팅 창 맨 위의 ★ 아이콘을 클릭하면 확인할 수 있습니다.

TIP ♦
메시지 고정하기는 채널 권한 중 '메시지 관리' 권한이 활성화되어 있어야 사용할 수 있는 기능입니다. 일반 멤버의 메시지 고정을 막기 위해 관리자가 채널 권한을 수정할 수 있어요.

1 채널 목록에서 채널명 오른쪽의 [친구 초대하기] 아이콘()이 보이면 해당 채널에 친구를 초대할 수 있으므로 클릭합니다.

2 화면에 초대 링크가 나타나면 복사하여 친구에게 전달할 수 있습니다.

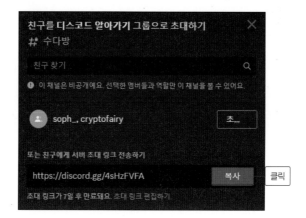

3 초대 링크를 설정하고 싶으면 [초대 링크 편집하기]를 클릭합니다. [서버 초대 링크 설정] 창에서 유효 기간과 최대 사용 횟수를 설정하고 [새 링크 만들기]를 클릭한 후 친구에게 전달합니다.

TIP ✦
채널 초대 여부는 관리자가 채널 권한 메뉴에서 [초대 코드 만들기]를 통해 설정할 수 있습니다.

003 마크다운 구문으로 글자 꾸미기

디스코드에서 이용할 수 있는 글자 서식은 '볼드체', '기울기', '밑줄', '취소선'이고, 이 네 가지 서식을 함께 사용할 수도 있습니다. 채팅 입력 창을 예로 하나씩 알아볼게요.

마크다운(Markdown)은 간단한 구문을 사용하여 텍스트에 서식을 지정할 수 있는 간단한 마크업 언어입니다. 생소한 HTML이나 기타 마크업 언어를 몰라도 텍스트 서식을 쉽고 빠르게 지정할 수 있는 유용한 기능으로, 마크다운을 이용하면 글꼴, 글자색, 텍스트 유형 등을 손쉽게 꾸밀 수 있습니다. 마크다운은 채팅에서도 유용하지만 커뮤니티 서버를 운영하면서 공지 사항 등을 작성할 때 빛을 발하는 기능이기도 합니다.

🎮 Discord x 글자 서식 적용하기

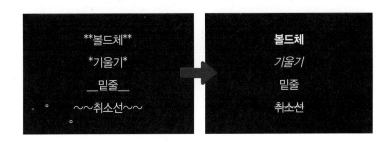

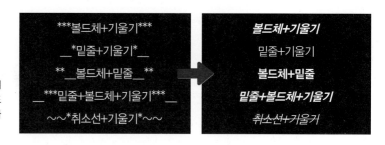

TIP ♦

마크다운 서식은 세 가지서
식을 한 번에 적용할 수도
있고 문장 중 각 단어에 따
로 적용할 수도 있습니다.

- ♦ **볼드체**: 채팅 창에 입력할 글자의 앞뒤에 '**'를 입력하면 글자를 굵게 표시할 수 있습니다.

- ♦ **기울기**: 채팅 창에 입력할 글자의 앞뒤에 '*'를 입력하면 글자를 기울게 표시할 수 있습니다.

- ♦ **밑줄**: 채팅 창에 입력할 글자의 앞뒤에 '__'를 입력하면 글자에 밑줄을 표시할 수 있습니다.

- ♦ **취소선**: 채팅 창에 입력할 글자의 앞뒤에 '~~'를 입력하면 글자에 취소선을 표시할 수 있습니다.

마크다운 서식은 하나만 사용할 수도 있지만 혼용하여 사용할 수도 있습니다. 예를 들어, 글자를 굵고 기울게 표시하려면 채팅 창에 입력할 글자의 앞뒤에 '***'를 입력하면 되는 것이죠. 이 외의 구체적인 사용 방법은 디스코드 채팅 창에 마크다운 서식을 입력하여 직접 확인해 보세요.

🎮 **Discord** × **텍스트 꾸미기**

디스코드에서는 글자 서식 외에 인용구, 코드블록, 스포일러의 세 가지 형태로 표시할 수 있습니다.

♦ **인용구**: 인용구는 채팅이나 게시글 작성할 때 다른 사람의 글을 인용했음을 알리기 위한 서식이지만, 디스코드에서는 글을 보기 좋게 꾸밀 때도 사용합니다. 인용구를 표시하려면 글 앞에 부등호 '〉'와 공백을 입력해 보세요. 채팅 입력 창에 세로줄이 표시된 것을 확인한 후 원하는 내용을 입력하면 인용구가 적용됩니다. 인용구를 여러 줄 입력하려면 Shift + Enter 로 줄을 바꾸면 됩니다. 디스코드에서는 공지 사항이나 글을 강조할 때 인용구를 사용합니다.

♦ **코드블록**: 코드블록은 프로그래밍 코드를 공유할 때 사용하는 서식으로, 코드 블록 서식을 적용하면 검은색 상자 모양의 블록 안에 텍스트를 표시할 수 있습니다. 디스코드에서는 특정 주제나 제목 등 중요한 내용을 강조할 때 코드 블록을 사용하기도 합니다. 코드블록을 사용하려면 글 앞뒤로 억음 부호인 '`'를 입력하면 됩니다. 코드블록도 Shift + Enter 로 여러 줄을 입력할 수 있으며 첫 줄의 첫 글자 앞과 마지막 줄의 마지막 글자 뒤에 '`'만 입력하면 됩니다.

TIP ♦
'`'는 작은따옴표(')와 다릅니다. '`'를 입력하려면 ~ 를 누르고 |를 입력하려면 Shift + W 를 누르세요.

♦ **스포일러**: 채팅 창에 입력할 글자 앞에 '||'를 입력하면 검은색 블록 안에 입력할 수 있습니다. 이렇게 스포일러 서식을 적용한 글자는 해당 블록을 클릭해야 확인할 수 있습니다.

디스코드에서 운영하고 있는 다른 서버를 살펴본 적이 있나요? 채널 목록을 해당 서버의 특성에 따라 꾸며 놓은 것을 확인할 수 있습니다. 주로 이모지를 넣어서 채널명을 강조하죠. 이렇게 채널명을 이모지로 강조하면 해당 채널의 성격을 쉽게 알릴 수 있습니다.

채널 이름 입력 창에서 ⊞+. 를 눌러보세요. 바로 이모지 창이 표시되므로 원하는 이모지를 바로 입력할 수 있습니다. 기본 제공하는 이모지 외에 좀 더 다양한 이모지를 삽입하고 싶다면 '이모지피디아(emojipidia)'를 활용해 보세요. 이모지피디아 홈페이지(https://emojipedia.org)에서 원하는 이모지의 [Copy]를 클릭한 후 채널명 입력 창에 붙여넣으면 바로 이모지를 삽입할 수 있습니다. 이모지피디아는 다양한 카테고리와 검색을 지원하므로 원하는 이모지를 바로 검색할 수 있어서 유용합니다. 만약 채널명에 특수 문자를 삽입하고 싶다면 □+한자 를 눌러 특수 문자 목록에서 선택하세요.

004

음성/영상 채팅으로 대화하기

서버의 음성 채널에서는 친구와 음성 통화를 하거나 영상으로 대화를 나누는 것처럼, 같은 커뮤니티 멤버와 음성이나 영상으로 대화를 나눌 수 있습니다. 또한 화면 공유나 활동 등 디스코드의 다양한 기능을 활용할 수도 있어요. 이번 섹션에서는 음성 채널 안에서 음성 채팅과 영상 채팅을 사용하는 방법에 대해 알아보겠습니다.

🎮 Discord × 음성/영상 채널 입장하기

일반 채팅 채널에서는 음성 채팅이나 영상 채팅을 진행할 수 없지만, 음성 채널에서는 음성 채팅과 영상 채팅을 진행할 수 있습니다.

1 커뮤니티 서버의 채널 목록 중 채널명 앞에 🔊 표시가 있는 채널이 음성 채널로, 채널 안에서 음성 채팅 및 영상 채팅을 진행할 수 있습니다. 해당 채널을 클릭하면 곧바로 해당 채널에 입장할 수 있어요.

TIP ✦
서버의 설정에 따라 사용자를 제한하여 카메라, 마이크, 화면 공유 등의 기능을 제공할 수 있습니다. 채널 권한에 대한 자세한 내용은 166쪽을 참고하세요.

관리자의 설정에 따라 채널 아이콘에 자물쇠 모양(🔒)이 있는 경우와 없는 경우가 있습니다. 자물쇠 모양이 있으면 서버의 모든 멤버가 아니라 이용 권한을 가진 멤버만 채널을 이용할 수 있습니다.

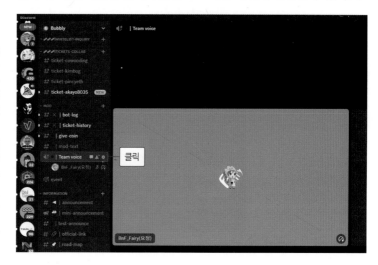

2 현재 활동 중인 음성/영상 채널의 [친구 초대하기] 아이콘(🗻)
을 클릭하면 다른 디스코드 친구를 해당 음성 채널에 초대할 수 있습
니다. 이때 채널의 참여 권한에 따라 참여할 수 있는 멤버가 제한될 수
있습니다.

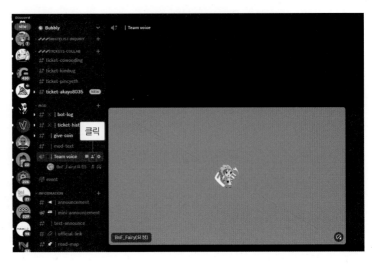

3 음성/영상 채널의 [활동] 아이콘(🚀)을 클릭하면 다른 사용자와
함께 [유튜브 함께 보기] 등의 활동을 할 수 있습니다. 이러한 활동은
각 채널에서 동시에 진행할 수도 있어요.

TIP ✦
😀 아이콘을 클릭하면 음
성/영상 채널에서도 일반
채팅 채널처럼 이모지로
소통할 수 있습니다.

4 음성/영상 채널의 ■아이콘을 클릭하면 음성/영상 채널에서 일반 채팅으로도 소통할 수 있습니다.

TIP ✦

음성/영상 채널에서는 [선물하기]를 사용할 수 없습니다.

005

새로운 기능, 스테이지 채널

스테이지 채널(stage channel)은 음성 채널의 한 유형으로, 강의를 진행하는 것처럼 화자와 청자가 구분되어 있다는 것이 일반 음성 채널과 다릅니다. 스테이지 채널은 강의나 공연, 방송 등을 진행하는 데 적합한 채널로, 중간에 청자의 질문을 받을 수도 있습니다.

🎮 Discord × **스테이지 채널 알아보기**

1 스테이지 채널은 서버 채널 목록 중 🎙️ 아이콘으로 표시됩니다. 해당 채널을 클릭하면 곧바로 스테이지 채널에 입장할 수 있어요.

2 스테이지 채널 중 화자(speaker)는 초록색으로 표시됩니다. 화자는 무대에, 청자(audience)는 객석에 있다고 생각하면 쉽게 이해할 수 있을 거예요. 화자는 직접 마이크를 껐다 켰다 할 수 있고 청자는 🖐️ 아이콘을 클릭해 발언권을 요청한 후 화자가 마이크를 켜서 발

언권을 주었을 때 마이크를 사용할 수 있습니다. 다음은 청자로서 입장했을 때 표시되는 화면입니다.

❶ 스테이지의 주제가 표시됩니다.

❷ 화자와 청자가 표시됩니다.

❸ [조용히 연결 끊기]를 클릭하면 현재 스테이지에서 퇴장할 수 있습니다.

3 스테이지의 오른쪽 위에 있는 📰 아이콘을 클릭하면 화자의 이야기를 들으면서 같은 스테이지에 있는 다른 청자와 대화할 수 있습니다.

TIP ✦
현재 스테이지에 참여 중인 사용자만 채팅에 참여할 수 있습니다.

4 스테이지의  아이콘을 클릭하면 현재 스테이지나 다른 서버 중 내가 태그된 게시글이나 전달된 메시지 등을 확인할 수 있습니다.

5 스테이지 채널의 화자는 청자에게 발언권을 줄 수 있습니다. 다음은 화자로 입장했을 때 표시되는 화면입니다.

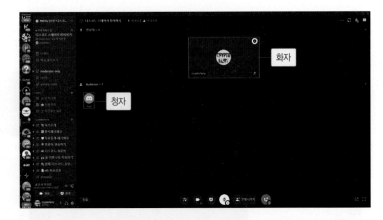

❶ 발언권 요청을 확인하고 수락/거절할 수 있습니다.

❷ 카메라, 화면 공유, 무대 나가기 등의 메뉴가 표시됩니다.

♦ **무대 나가기**: 무대에서 내려와 객석(audience)으로 돌아갑니다.

♦ **무대에서 말하기**: 다시 무대로 돌아갑니다.

006

글 안의 채팅방?
스레드 기능 알기

스레드(thread)는 디스코드 채널 안에서 하위 채널을 생성해 소주제별로 소통할 수 있는 기능으로, 음식 주제의 채널 안에 한식, 양식, 일식 등의 소주제 스레드를 생성하여 소통할 수 있습니다. 이 외에 실시간 채팅 중에 잠시 다른 주제에 대해 이야기하고 싶을 때도 스레드를 생성하여 소통할 수 있어요.

Discord × 스레드 알아보기

1 참여 중인 채널에 생성된 스레드는 각 채널 목록의 아래쪽에 표시됩니다. 특정 채널에 스레드를 생성하려면 채팅 입력 창에서 ⊕ 버튼을 클릭하고 [# 스레드 만들기]를 클릭하세요.

![디스코드 스레드 화면]

2 디스코드 창의 오른쪽에 [새 스레드] 창이 표시되면 '스레드 이름'에 원하는 이름을 입력하고 생성한 스레드의 설명 등 새 메시지를 입력하여 스레드를 생성합니다.

TIP ✦

스레드를 생성할 때 [내가 초대한 사람들과 관리자만 볼 수 있어요]에 체크 표시하면 스레드를 비공개로 생성할 수 있습니다. 이 경우 내가 초대한 사람들과 서버 관리자만 해당 스레드를 이용할 수 있습니다. 이후 비공개 스레드에 친구를 초대하려면 멘션(@) 기능을 이용하여 원하는 사용자를 추가 초대할 수 있습니다.

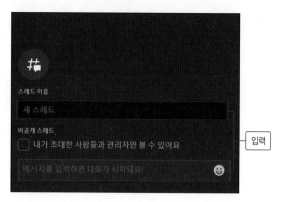

3 **2**에서 설정한 이름으로 생성된 스레드에서는 일반 채팅 창과 같은 방법으로 친구들과 소통할 수 있습니다.

셋째
마당

나만의
커뮤니티 서버
운영하기

지금까지 간단한 디스코드 사용 방법뿐만 아니라 이미 활성화된 서버에서 소통하는 방법에 대해 알아보았습니다. 이제 본격적으로 직접 서버를 만들어서 운영하는 방법에 대해 알아보겠습니다. 디스코드에서는 단순 친목이나 같은 취미를 가진 사람들과 소통하기 위한 동호회 서버를 만들 수도 있고 브랜드 서버를 만들어 직접 커뮤니티를 운영할 수도 있습니다. 디스코드의 핵심 서비스가 서버인 만큼 서버 안에서 멤버를 위한 다양한 활동을 할 수 있습니다. 서버가 생성된 이후 커뮤니티 서버 활성화를 하면 커뮤니티에 맞는 다양한 기능을 이용할 수 있습니다. 셋째마당에서는 커뮤니티 서버를 생성하고 운영하는 데 유용한 여러 가지 기능을 알아보겠습니다.

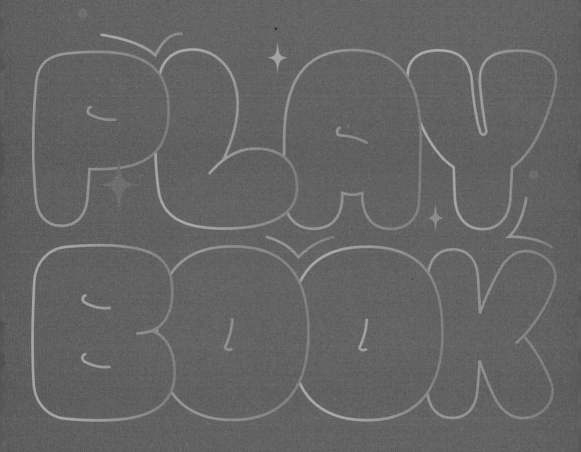

커뮤니티 서버를
만들어보자

서버를 만드는 목적과 규모는 모두 다르겠지만, 어느 정도 규모
가 있는 서버를 운영할 때는 커뮤니티 기능을 활성화하는
것이 서버를 운영하는 데 도움이 됩니다. 이번에는 서
버를 생성한 후 커뮤니티 서버를 활성화하는 방법과
함께 서버 삭제, 서버 소유권 이전, 서버 초대 등 서
버 생성과 관련된 일반적인 내용을 알아보겠습니다.

001

커뮤니티 서버 만들기

친구나 지인끼리 소통하거나 친목을 위한 소규모 서버는 많은 기능이 필요하지 않습니다. 하지만 수백 명의 멤버가 모인 큰 규모의 서버라면 효율적인 관리를 위해 다양한 기능이 필요하죠. 디스코드 커뮤니티 서버는 이렇게 많은 멤버를 관리할 수 있는 다양한 기능을 제공하는데, 이들 기능을 이용하려면 우선 서버를 만들고 나서 커뮤니티를 활성화해야 합니다. 이번에는 서버 만들기와 커뮤니티 서버 활성화하기, 서버 삭제하기, 서버 소유권 이전하기에 대한 내용을 알아보겠습니다.

🎮 Discord × **서버 만들기**

1 서버를 만들려면 디스코드의 첫 화면에서 왼쪽 서버 목록에 있는 🟢 버튼을 클릭합니다.

TIP ✦
'서버(server)'와 '커뮤니티 서버(community server)'의 용어를 혼동할 수 있습니다. 디스코드에서 서버는 여러 명의 인원이 모여 함께 소통하고 다양한 활동을 할 수 있는 공간을 말하고, 커뮤니티 서버는 커뮤니티 기능이 활성화되어 있는 서버를 의미합니다.

2 [서버 만들기] 창이 표시되면 [게임], [학교 클럽], [스터디 그룹] 등이나 [직접 만들기]를 선택해 서버를 만들 수 있습니다. '템플릿으로 시작'의 항목을 선택하여 서버를 만들면 각 카테고리에 맞는 채널이 기본적으로 생성됩니다.

3 새 서버에서 사용할 서버 이름과 프로필 이미지를 선택할 수 있습니다. 원하는 프로필 이미지를 선택하고 서버 이름을 입력한 후 [만들기]를 클릭합니다.

TIP ✦
서버 이름과 프로필 이미지는 서버를 생성한 이후에도 변경할 수 있습니다.

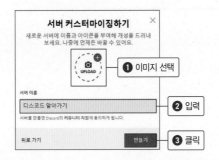

4 다음 화면에서는 서버를 꾸미거나 서버에 이용할 수 있는 다양한 앱(App)을 확인하는 페이지로 넘어갈 수 있습니다. [확인해보세요]를 클릭하면 앱을 찾아볼 수 있는 페이지로 연결되는데, 이것도 서버를 생성한 후에 설정할 수 있어요. 그러므로 서버를 먼저 생성하고 싶다면 [나중에]를 클릭하세요.

TIP ✦
앱 디렉터리의 경우 모든 멤버에게 팝업 창이 표시되는 것은 아닙니다. 본인에게 팝업 창이 표시되지 않으면 서버를 생성한 후 서버 메뉴에서 접근할 수 있습니다.

5 이제 서버가 생성되었어요. 서버를 생성한 직후에는 일반 채팅 채널과 음성 채널 하나씩만 표시됩니다. 커뮤니티 서버에 카테고리나 채널을 추가하는 자세한 내용은 173쪽을 참고하세요.

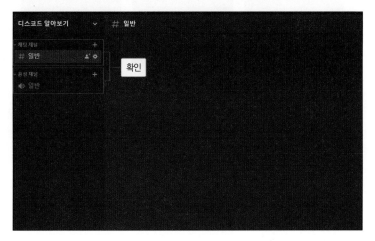

게임 서버는 왼쪽 이미지와 같은 채널 템플릿이 제공됩니다. 게임 서버에 맞게 게임 영상 클립이나 하이라이트를 업로드할 수 있는 채널이나 게임을 위한 음성 채널 등이 생성됩니다.

학교 클럽 서버는 가운데 이미지와 같은 채널 템플릿이 제공됩니다. 신규 클럽 멤버를 위한 환영 인사 및 규칙에 대한 채널이나 공지, 자료를 업로드할 수 있는 채널, 미팅 계획이나 여러 주제에 대해 의견을 나누는 채널, 회의를 할 수 있는 음성 채널 등이 생성됩니다.

스터디 그룹 서버는 오른쪽 이미지와 같은 채널 템플릿이 제공됩니다. 신규 멤버를 위한 환영 인사와 규칙을 업로드하는 채널, 노트 자료 채널이나 숙제 도움 받기 채널, 함께 공부할 수 있는 공부방 음성 채널 등이 생성됩니다. 서버 옵션에 따라 템플릿이 제공되지만, 해당 채널들을 그대로 사용해야 하는 것은 아니고 해당 서버에 맞게 모두 수정할 수 있습니다.

게임 서버　　　　　　학교 클럽 서버　　　　　　스터디 그룹 서버

이후 다음 화면에서 '나와 친구들을 위한 서버'나 '클럽, 혹은 커뮤니티용 서버' 중 하나를 선택할 수 있지만, 어느 항목을 선택해도 달라지는 것은 없으므로 [이 질문을 건너뛰세요.]를 선택해도 됩니다.

커뮤니티 서버 적용하기

디스코드 서버를 생성했으니 이제 커뮤니티 서버로 활성화하는 방법을 알아보겠습니다.

1 생성한 서버 이름을 클릭하고 [서버 설정]을 선택하여 설정 메뉴로 이동합니다.

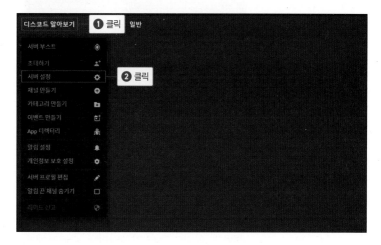

2 설정 메뉴에서 [커뮤니티 활성화]를 선택하고 [시작하기]를 클릭합니다.

3 커뮤니티 서버 설정의 첫 단계로 보안 확인 화면이 표시되면 커뮤니티를 보호하기 위해 보안을 설정하고 부적절한 콘텐츠가 등록되면 자동으로 삭제되도록 관리하는 것이 좋습니다. [이메일을 인증해야 해요.]와 [모든 멤버의 미디어 콘텐츠를 스캔해요.]에 체크 표시하고 [다음]을 클릭하세요.

4 두 번째 단계인 [기본 설정]에서는 생성한 서버의 규칙을 게시할 채널과 디스코드가 커뮤니티의 관리자에게 전달하는 소식을 게시할 채널을 선택할 수 있습니다. '채널 규칙 및 지침'의 경우 먼저 사용할 채널을 생성한 후 선택해도 되고 [직접 만들기]를 선택해서 설정을 먼저 완료하고 채널을 만든 후 규칙을 업로드해도 됩니다. '커뮤니티 업데이트 채널'의 경우는 커뮤니티 관리자에게 전달하는 공지 사항이 업로드되므로 일반 멤버가 굳이 내용을 확인할 필요가 없습니다. [직접 만들기]나 [일반] 채널 중 무엇을 선택해도 큰 차이가 없으므로 원하는 대로 설정을 변경하고 [다음]을 클릭하세요.

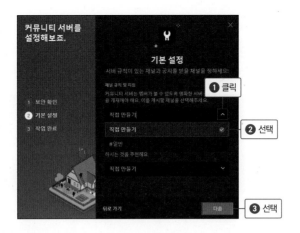

5 마지막 단계입니다. 커뮤니티 서버에 적용할 안전 설정과 서버 규칙에 동의하고 [설정 완료]를 클릭하여 설정을 완료합니다.

6 [커뮤니티 설정] 창에 '서버가 커뮤니티 서버로 바뀌었어요!'라는 문구와 함께 '환영 화면 설정', '채널 규칙 및 지침' 채널 지정, '서버 주요 사용 언어' 등의 설정을 변경할 수 있습니다.

❶ **환영 화면 설정**: 클릭하면 [서버 메뉴]-[일반] 설정으로 이동하는데, 화면의 중간에 있는 '시스템 메시지 채널' 부분을 설정하면 됩니다. 누군가 서버에 참가했을 때 랜덤으로 환영 메시지를 보낼 채널을 선택하고 멤버들이 환영 메시지에 스티커로 답장할 수 있게 할지의 여부를 설정합니다.

❷ 서버 찾기 지원하기: 500명 이상의 커뮤니티의 경우 서버 찾기를 활성화할 수 있습니다. 또한 서버 카테고리, 하위 카테고리, 검색 키워드, 커버 이미지 등을 설정할 수도 있어요.

❸ 서버 인사이트 확인하기: 서버 신규 멤버 수와 서버를 나간 멤버 수 등을 확인할 수 있습니다.

❹ 채널 규칙 및 지침: 채널 규칙을 표시할 채널을 선택할 수 있습니다. 미리 채널을 생성하고 원하는 채널을 선택해도 되고, 아직 채널을 생성하지 않았다면 일반 채널이나 커뮤니티 활성화 때문에 생성된 #rules 채널을 선택하면 됩니다. 하지만 여기서 선택하는 채널은 전체 사용자에게 공개된 채널이어야 합니다. 이 채널에서 무엇을 할 수 있는지 등 간단하게 채널 소개글과 함께 이모지를 활용해 보세요. 환영 화면은 언제든지 비활성화하거나 내용을 수정할 수 있습니다.

❺ 커뮤니티 업데이트 채널: 디스코드로부터 커뮤니티 관리자가 관련 업데이트를 받을 채널을 선택합니다. 관리자만 볼 수 있게 역할 권한이 제안되어 있는 채널을 선택하세요.

❻ 보안 알림 채널: 디스코드로부터 서버 관련 보안 업데이트를 받을 채널을 선택합니다. 역시 관리자만 볼 수 있도록 역할 권한 제한이 되어 있는 채널을 선택하세요.

❼ 서버 주요 사용 언어: 서버에서 주로 사용할 언어를 설정합니다.

❽ 서버 설명: 해당 서버에 대해 간단한 설명을 덧붙입니다.

❾ 커뮤니티 비활성화: 커뮤니티 운영 중 커뮤니티 서버를 비활성화하려면 [커뮤니티 비활성화]를 클릭합니다. 커뮤니티를 비활성화하면 디스코드로부터 더 이상 커뮤니티 관련 시스템 공지를 받을 수 없고 커뮤니티 인사이트를 확인하거나 공개 커뮤니티를 등록 등을 할 수 없는 일반 서버로 되돌아갑니다.

7 원하는 내용과 설정을 모두 반영했으면 [변경사항 저장하기]를 클릭하세요. 이제 설정 창을 닫고 서버 화면으로 되돌아가면 채널 목록에 [이벤트], [채널 훑어보기], [rules], [moderator-only] 채널이 생성된 것을 확인할 수 있습니다.

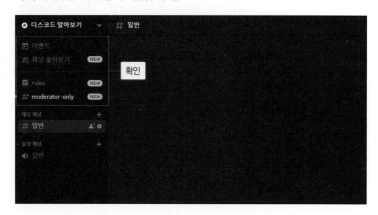

잠깐만요 | 안전 설정 항목에 대한 설명

디스코드를 이용할 때 채팅이나 게시글이 업로드되면 기본적으로 모든 사용자에게 알림이 전달됩니다. 하지만 대규모 커뮤니티의 경우에는 불필요한 알림이 전달되지 않도록 특정 사용자나 특정 역할을 부여한 사용자에게만 알림을 전달되도록 설정할 수 있어요. 일반 사용자는 멘션 알림만 받을 수 있도록 설정하고 관리자나 모더레이터만 @everyone 태그를 사용할 수 있도록 설정하면 커뮤니티를 운영하면서 발생할 수 있는 사소한 불만 요소를 미리 방지할 수 있습니다. 또한 관리자 권한, 서버 관리 권한, 채널 관리 권한 등을 일반 사용자에게까지 설정할 경우 커뮤니티 보안에 큰 문제가 될 수 있으므로 권한 설정은 기본적으로 비활성화하는 것이 좋습니다.

144

서버 삭제하기

1 간단한 과정을 거치면 서버를 삭제할 수 있습니다. 이때 해당 서버의 주인만 서버를 삭제할 수 있어요. 서버 이름을 클릭하고 [서버 설정]을 선택합니다.

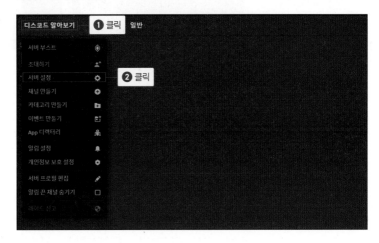

2 서버 설정 메뉴에서 맨 아래쪽에 있는 [서버 삭제]를 선택합니다.

3 서버 삭제 확인 창이 표시되면 [서버 삭제]를 클릭합니다. 2단계 인증인 OTP 인증 코드를 입력하는 창이 표시되면 미리 설정해 두었던 OTP 인증 코드 여섯 자리를 입력하고 [확인]을 클릭하세요.

TIP ✦

OTP 인증을 설정하지 않았으면 서버를 삭제할 때 OTP 인증 코드 입력 단계에서 서버 이름을 입력해야 합니다. 서버 삭제는 중요한 기능이므로 서버 주인은 반드시 OTP 인증을 설정해 두어야 합니다.

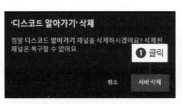

🎮 **Discord** x **서버의 소유권 이전하기**

서버를 운영하는 도중에 해당 서버의 소유권을 다른 사람에게 이전할 수 있습니다. 서버의 소유권 이전은 같은 서버의 멤버에게만 이전할 수 있으며 소유권을 이전하면 해당 서버의 모든 권한이 이전됩니다.

1 서버 설정 메뉴에서 '사용자 관리'의 [멤버]를 선택합니다.

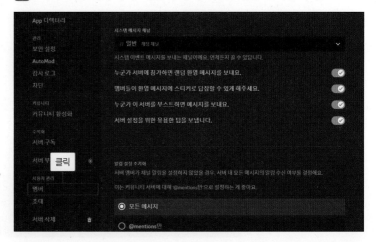

146

2 멤버 목록 중 서버 소유권을 이전할 멤버 위치에서 마우스 오른쪽 버튼을 클릭하고 [소유권 이전하기]를 선택합니다.

3 서버 소유권 이전에 동의한다는 항목에 체크 표시하고 [소유권 이전하기]를 클릭합니다.

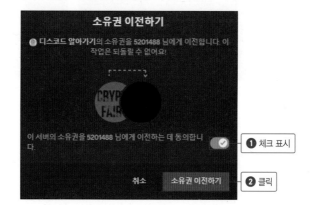

4 현재 서버 주인의 OTP 인증 코드를 입력하고 [소유권 이전하기]를 클릭하여 소유권 이전을 완료합니다.

TIP ✦
OTP 인증을 설정하지 않았으면 메일로 인증 코드가 전송됩니다. 소유권 이전은 중요한 기능이므로 서버 주인은 반드시 OTP 인증 설정을 해야 합니다.

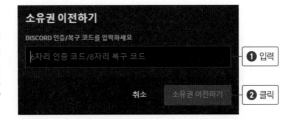

5 이제 서버의 오른쪽에 표시되는 멤버 목록을 확인해 보세요. 소유권을 이전한 멤버의 아이디 옆에 왕관 아이콘이 표시되었습니다.

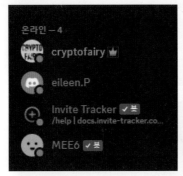

소유권 이전 전

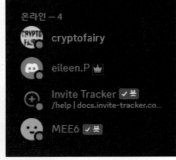

소유권 이전 후

002

서버에 초대하기

이제 서버를 만들고 보안 설정까지 마쳤으니 신규 멤버를 서버에 초대할 차례입니다. 기존 디스코드 사용자와 아직 디스코드에 가입하지 않은 잠재 사용자를 모두 서버의 멤버로 초대할 수 있어요. 또한 외부 손님이 서버의 음성 채널에 1회만 참여할 수 있는 '손님 초대하기' 기능도 있으므로 함께 알아보겠습니다.

🎮 Discord   x   서버에 초대하기

1 서버 메뉴에서 [초대하기]를 선택하면 디스코드 친구에게 DM을 통해 직접 초대하거나, 링크를 이용해 외부 인원을 초대할 수 있습니다.

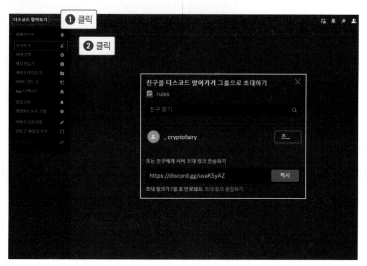

◆ 친구 찾기를 통해 서버 초대 링크를 DM으로 전송할 수 있습니다. 친구 찾기에서 친구의 디스코드 아이디를 입력해서 찾아도 되고, 아래에 표시되는 친구 목록에서 친구를 선택하고 오른쪽에 있는 [초대하기]를 클릭해도 됩니다.

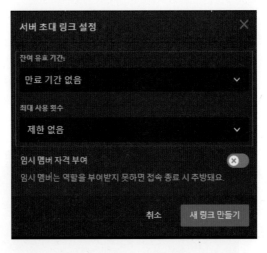

TIP ✦
아직 디스코드에 가입하지
않은 사람에게 초대 링크
를 전송했으면 디스코드를
설치한 후 서버에 입장할
수 있도록 디스코드 설치
안내가 먼저 진행됩니다.

또는 아래쪽에 표시되는 초대 링크를 직접 복사해서 DM으로 전달할 수도
있어요.

✦ 서버에 초대할 사용자가 아직 디스코드에 가입하기 전이거나 초대할 사용자
의 계정을 모른다면 링크를 전달하여 초대할 수 있습니다. 초대하기 창의 아
래쪽에 표시되는 링크를 복사하여 전달하면 해당 링크를 통해 서버에 초대
할 수 있어요.

✦ 초대 링크는 기본적으로 7일 동안 유효하므로 링크의 유효 기간이나 사용
횟수를 변경하려면 [초대 링크 편집하기]를 클릭합니다. [서버 초대 링크 설
정] 창이 표시되면 '잔여 유효 기간'에서는 원하는 기간으로 변경할 수 있고
'최대 사용 횟수'에서는 링크로 초대할 수 있는 횟수를 변경할 수 있어요.

서버 초대 링크 설정 ✕

잔여 유효 기간:

만료 기간 없음 ⌄

최대 사용 횟수

제한 없음 ⌄

임시 멤버 자격 부여 ⊗
임시 멤버는 역할을 부여받지 못하면 접속 종료 시 추방돼요.

취소   새 링크 만들기

TIP ✦
초대 링크의 유효 기간과
최대 사용 횟수는 기간 한
정 또는 선착순 초대 이벤
트 등에도 유용하게 사용
할 수 있습니다.

✦ [서버 초대 링크 설정] 창에서 [임시 멤버 자격 부여]에 체크 표시하고 사용
자를 초대하면 링크로 서버에 입장하고 서버를 이탈하기 전까지 특정한 역
할을 부여받지 못한 경우에는 서버 입장을 취소할 수 있습니다. 서버 역할에
대한 자세한 내용은 162쪽을 참고하세요.

2 서버 메뉴에서 [손님 초대하기]를 선택하면 서버의 멤버가 아닌 사람은 음성 채널에만 참여할 수 있게 해 주는 [손님 초대하기(음성 전용)] 창이 표시됩니다. 이때 손님은 서버의 다른 부분을 볼 수 없고 음성 채널을 떠나는 순간 추방됩니다. 초대할 음성 채널을 선택하고 초대 링크를 복사하여 전달하면 됩니다.

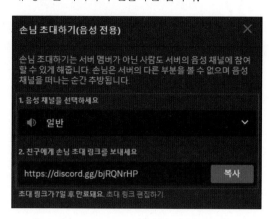

커뮤니티 서버 설정하기

서버를 생성하고 커뮤니티를 활성화했으니 이제 커뮤니티를 효율적으로 관리하기 위해 커뮤니티 서버를 설정해 보겠습니다. 서버 설정과 관련된 항목은 종류가 다양할 뿐만 아니라 지금도 계속 업데이트되고 있는데, 이번에는 그중에서 가장 기본적으로 설정해야 할 내용을 알아보겠습니다. 서버를 설정하다 보면 커뮤니티 활성화를 통해 기본적으로 설정되어 있는 항목도 있고, 추가로 설정해야 하는 항목도 있는데, 기본 설정 항목은 수정할 필요 없이 그대로 따르면 됩니다. 아울러 서버 보안, 서버 규칙, 역할을 설정하는 방법도 알아보겠습니다.

001

서버 보안 설정하기

커뮤니티 서버를 운영할 경우 다양한 사람들이 이용하므로 서버의 보안도 아주 중요합니다. 개인이 악의를 가지고 서버에 있는 사용자를 대상으로 스팸 링크를 전송하거나 해킹봇이 서버를 공격할 수도 있기 때문이죠. 그러므로 커뮤니티 서버 운영자는 항상 보안에 신경을 써야 합니다. 자칫 잘못하면 서버의 사용자를 모두 잃을 수도 있고 서버의 모든 데이터가 삭제되거나 심각한 경우에는 관리자 권한을 잃을 수도 있습니다. 이러한 일을 방지할 수 있는 서버 보안 설정에 대해 알아볼게요.

🎮 Discord x 서버 보안 설정 알아보기

1 서버 설정에서 [보안 설정]을 선택하면 다음 네 가지 항목의 보안을 설정할 수 있습니다.

❶ **레이드 방지 및 보안 문자**: 레이드(raid)란, 악의적인 의도를 가지고 서버에 해를 끼치기 위해 많은 수의 사용자나 봇이 동시에 참여하는 행위를 의미합니다. [레이드 방지]를 설정하면 레이드가 발생하는 것을 예방하거나 발생했을 때 피해를 최소화할 수 있어요. 이 설정을 활성화하면 서버에서 수상한 활동이 감지되었을 때 알림을 받을 수 있습니다.

❷ **다이렉트 메시지 및 스팸 방지**: 조건에 따라 채팅 채널에 메시지를 보내거나 다이렉트 메시지 대화를 시작할 수 있는 보안 수준을 설정할 수 있습니다. 또한 DM과 관련된 규칙 설정, 필터링, 외부 링크 방문 전의 경고 등을 설정할 수도 있어요.

❸ **AutoMod**: 멤버 프로필에서 특정 단어를 차단하고 스팸으로 의심되거나 유해한 콘텐츠를 필터링할 수 있습니다. 또한 비속어 등의 단어도 차단 설정할 수 있어요.

❹ **권한**: 관리자 활동 권한이나 @everyone 멘션 권한을 설정할 수 있습니다.

2 [레이드 방지 및 보안 문자]를 활성화하면 의심되는 레이드가 감지될 때 알림을 받을 수 있습니다. 그리고 [의심스러운 계정이 가입 시도 시 보안 인증 문자 사용하기]와 [레이드 활동이 의심될 때 가입을 시도하는 모든 계정에 보안 문자 인증 사용하기]는 서버에서 기본적으로 작동하는 기능입니다.

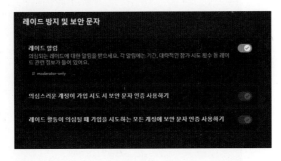

3 [다이렉트 메시지 및 스팸 방지]를 활성화하면 신규 멤버의 가입 조건과 DM 또는 외부 링크와 관련된 보안 사항을 설정할 수 있습니다.

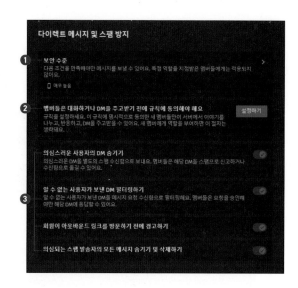

❶ **보안 수준**: 앞에서 설명한 커뮤니티 서버 활성화를 완료했으면 이메일 인증이 완료된 디스코드 계정의 보안 수준이 서버에 참여할 수 있는 '낮음'으로 설정되어 있는데, '매우 높음'으로 변경하세요. '매우 높음' 단계의 경우 휴대폰으로 인증한 디스코드 계정만 커뮤니티 서버에서 활동할 수 있습니다.

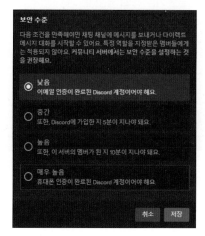

TIP ✦
'매우 높음' 단계의 경우 한 사용자가 여러 계정을 만들어서 활동하는 것(일명 다계정 활동)을 막을 수 있습니다.

❷ **규칙 설정**: 서버의 규칙에 동의한 멤버들만 서버에서 이야기를 나누거나 DM을 주고받을 수 있게 규칙을 설정할 수 있습니다. '설명'에는 서버에 대한 간략한 소개글을 남기고 서버 규칙을 설정합니다. 서버 규칙 설정에 대한 자세한 내용은 159쪽을 참고하세요.

❸ 의심스러운 사용자의 DM은 스팸으로 처리하고 알 수 없는 사용자가 보낸 DM은 메시지 요청 수신함으로 필터링합니다. 그리고 외부 링크를 받았을 때 해당 링크를 클릭하려고 시도하면 경고하고 의심되는 스팸 발송자의 모든 메시지를 숨기거나 삭제합니다. 이 항목들은 기본적으로 제공되는 기능이어서 비활성화할 수 없습니다.

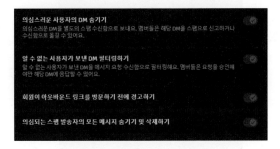

4 [AutoMod] 화면에서는 스팸성 멘션(mention)과 스팸 의심 콘텐츠, 제재되는 단어뿐만 아니라 특정 단어의 차단을 설정할 수 있습니다.

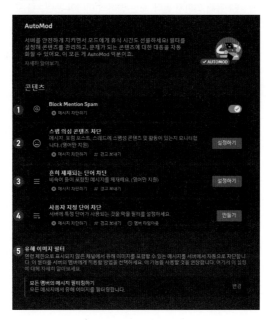

❶ **Block Mention Spam**: 멘션을 너무 많이 하는 경우 감지해서 메시지 차단, 경고 전송, 멤버 타임아웃 등을 설정할 수 있습니다. 메시지당 멘션을 몇 개까지 할 수 있는지 개수를 설정하고 레이드 감지를 활성화합니다. 또한 레이드가 감지되었을 때의 반응(차단, 경고, 타임아웃)을 선택하고 해당 필터의 제재를 받지 않는 역할과 채널도 설정할 수 있어요.

❷ **스팸 의심 콘텐츠 차단**: 메시지가 스팸으로 의심될 때 자동으로 메시지를 차단하고 경고를 보내도록 체크합니다. 또한 해당 규칙에서 제외되는 역할이나 채널도 설정할 수 있어요.

❸ **흔히 제재되는 단어 차단**: 어떤 분류의 언어를 차단할 것인지 선택하고, 이에 따른 반응으로 메시지 차단과 경고 보내기를 선택할 수 있습니다. 또한 해당 규칙에서 제외되는 역할과 채널도 설정할 수 있어요.

❹ **사용자 지정 단어 차단**: 서버에서 차단할 특정 단어를 설정할 수 있는데, 차단하려

는 단어나 어구를 쉼표와 줄바꿈 등으로 구분하여 작성할 수 있어서 편리합니다. 정규식 패턴은 특수 문자를 사용한 경우 등으로, 필요하면 활용할 수 있고 특별히 허용하는 단어나 어구도 설정할 수 있습니다.

❺ **유해 이미지 필터**: 모든 멤버의 미디어 콘텐츠를 모두 필터링할 수 있습니다. 많은 사람이 이용하는 서버이면 유해한 콘텐츠를 업로드했을 때 발생할 수 있는 불편한 상황을 미리 방지하기 위해 반드시 유해 이미지 필터를 설정하는 것이 좋아요. 이때 커뮤니티 서버는 기본적으로 설정되어 있고 변경할 수 없습니다.

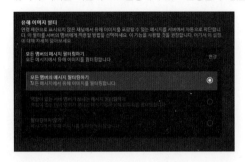

5 [권한]에서는 관리자가 멤버 차단, 추방, 타임아웃, 메시지 삭제 기능 등을 이용하기 위해 2단계 인증을 필수로 활성화하도록 설정할 수 있습니다. 해당 기능을 활성화하기 위해 [관리자 활동에 2단계 인증이 필요해요]에 체크 표시하면 2단계 인증 코드(OTP) 여섯 자리를 입력하는 창이 표시되는데, 인증 코드를 입력하고 [확인]을 클릭합니다. [@everyone으로부터 위험한 권한 제거하기]는 관리자가 아닌 다른 역할 멤버들이 @everyone 멘션을 할 수 없도록 권한을 설정하는 것으로, 커뮤니티 서버의 경우 기본적으로 설정되어 있습니다.

TIP ✦
[관리자 활동에 2단계 인증이 필요해요]를 설정하려면 계정 2단계 인증을 활성화해야 합니다.

002

서버 규칙 설정하기

다양한 사람들이 함께 활동하는 커뮤니티 서버여서 다같이 지켜야 하는 규칙을 미리 설정해 두면 여러 가지 문제를 방지할 수 있습니다. 이전에는 디스코드 서버에서 직접 규칙을 설정할 수 없어서 Mee6 봇을 활용해 규칙을 업로드하는 경우가 많았습니다. 하지만 최근에는 디스코드 서버 설정의 보안 메뉴에서 직접 규칙을 간단하게 설정할 수 있는 항목이 생겨 매우 편리합니다.

🎮 Discord   x   서버 규칙 설정하기

1 서버 이름을 클릭하고 [서버 설정]을 선택한 후 '관리'에서 [보안 설정]을 클릭합니다. [다이렉트 메시지 및 스팸 방지]의 [수정]을 클릭한 후 '멤버들은 대화하거나 DM을 주고받기 전에 규칙에 동의해야 해요'의 [설정하기]를 클릭하세요.

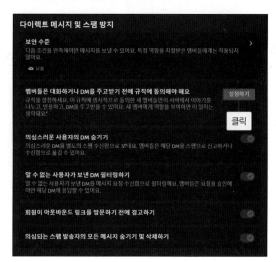

2 '서버 규칙을 설정하세요!'의 [시작하기]를 클릭합니다.

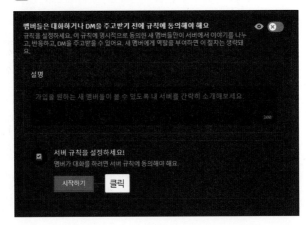

3 서버 규칙은 서버의 특성에 맞게 직접 작성하거나 아래의 예시를 하나씩 클릭하면 자동으로 규칙 내용이 차례대로 작성됩니다. 예시 내용을 추가한 후 직접 규칙을 더 추가해도 됩니다. 내용을 확인하고 [저장]을 클릭한 후 규칙 동의를 활성화하세요.

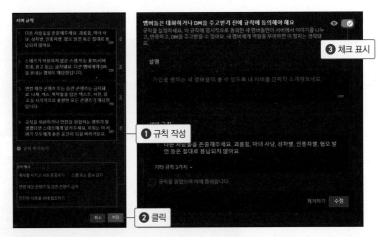

4 규칙을 설정해 두면 서버에 신규 멤버가 들어올 때 규칙에 동의해 야 입장할 수 있어요. 처음 입장할 때 '대화를 시작하기 전에 몇 가지 단 계를 더 완료해야 해요.' 알림 창이 표시되면 [완료]를 클릭합니다.

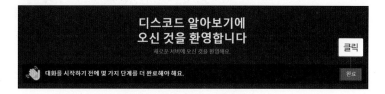

5 규칙 화면이 표시되면 규칙을 읽고 '규칙을 읽었으며 이에 동의합 니다'에 체크 표시한 후 [전송]을 클릭하여 서버 입장을 완료하세요.

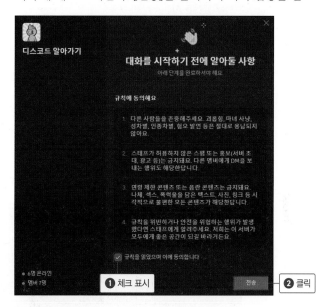

003

커뮤니티 멤버를 위한 역할 설정하기

디스코드에서는 커뮤니티 서버의 다른 멤버에게 역할을 부여할 수 있어요. 이렇게 역할을 부여하면 각 역할에 따라 권한도 설정할 수 있어서 멤버를 효율적으로 관리할 수 있습니다. 역할을 부여받은 친구는 서버의 친구 목록에서 색상으로 구분되고 필요에 따라 역할의 순위도 지정할 수 있습니다.

🎮 Discord x **역할 만들기**

1 역할은 서버 설정 메뉴의 [역할]에서 변경할 수 있습니다. 역할에서는 이미 부여된 역할을 확인 및 수정하거나 새로운 역할을 만들 수 있어요. 이미 만들어진 역할이 있으면 역할 목록에서 역할과 역할이 부여된 멤버 수를 확인할 수도 있고 역할 목록에서 멤버 수를 클릭하면 해당 역할이 부여된 멤버의 목록을 확인할 수도 있습니다. 새로운 역할을 생성하려면 [역할 만들기]를 클릭하세요.

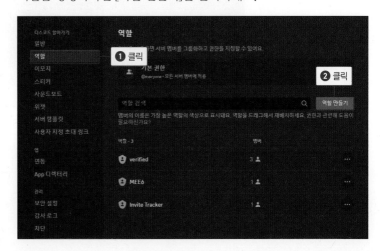

2 창의 오른쪽에는 [역할 수정−새 역할] 패널이, 왼쪽에는 기존 역할 목록이 표시됩니다. [역할 수정−새 역할] 패널은 4개의 탭으로 구성되어 있습니다.

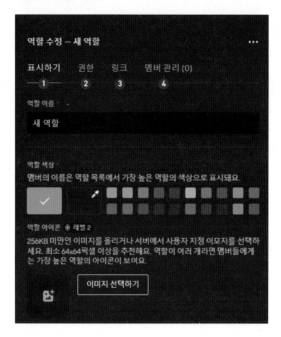

❶ **표시하기**: 역할 이름, 색상, 표시 설정, 태그 설정 등을 수정할 수 있습니다.

❷ **권한**: 멤버에게 역할을 부여하고 해당 역할의 서버 권한이나 채팅 권한 등의 권한을 설정할 수 있습니다.

❸ **링크**: 부여한 역할을 할당받기 위한 필수 조건으로 트위터나 유튜브 등의 외부 계정을 연동하도록 설정할 수 있습니다

❹ **멤버 관리**: 해당 역할을 부여받은 멤버를 확인하거나 멤버 추가 및 삭제 등의 설정을 변경할 수 있습니다.

3 [역할 수정–새 역할] 패널의 [표시하기] 탭에서 '역할 이름'에 원하는 이름을 입력합니다. '역할 색상'에서 원하는 색상을 선택하면 서버의 친구 목록이나 역할 목록에 반영됩니다.

TIP ◆
'역할 아이콘'은 서버 부스트 레벨이 2단계가 되어야 이용할 수 있어요.

4 '역할 멤버를 온라인 멤버와 분리하여 표시하기'에 체크 표시하면 역할 멤버를 온라인 멤버와 분리하여 표시할 수 있습니다. 커뮤니티에서 중요한 역할은 일반적으로 온라인 멤버와 분리해서 표시하도록 설정해 두는 것입니다. 역할은 역할 순위에 따라 순서대로 표시됩니다. 역할 순위에 대한 자세한 내용은 170쪽을 참고하세요.

◆ '역할 멤버를 온라인 멤버와 분리하여 표시하기'에 체크 표시하여 활성화하면 채팅 창의 오른쪽에 있는 멤버 목록에서 해당 역할이 다른 온라인 멤버들과 분리되어 표시됩니다.
◆ '역할 멤버를 온라인 멤버와 분리하여 표시하기'를 비활성화하면 채팅 창의 오른쪽에 있는 멤버 목록에서 해당 역할이 다른 온라인 멤버들과 분리되지 않고 함께 표시됩니다.

 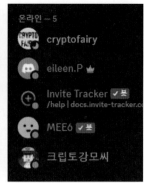

역할 멤버와 온라인 멤버를 분리한 경우(왼쪽)와 함께 표시한 경우(오른쪽)

5 '아무나 해당 역할을 @mention 허용하기'에 체크 표시하여 활성화하면 모든 커뮤니티 멤버가 해당 역할의 멤버를 태그하여 불러올 수 있습니다. 이 항목에 체크 표시하지 않으면 '@everyone', '@here', '모든 역할 멘션'의 권한이 있는 멤버만 태그를 사용할 수 있어요.

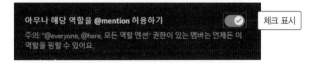

6 [역할 적용해서 서버 보기]에서는 역할에 따라 이용할 수 있는 채널이나 가능한 활동뿐만 아니라 역할에 따라 보이는 서버 화면을 확인할 수 있어요.

역할 수정에 각 역할마다 권한을 설정할 수 있습니다. [역할 메뉴]에서 권한을 설정하려는 역할을 클릭하고 [역할 수정] 패널의 [권한] 탭을 클릭하면 44가지의 권한 설정 화면이 표시됩니다. 각 권한을 읽어보고 활성화할 권한과 비활성화할 권한을 구분하여 설정합니다.

서버에서 권한을 설정하는 일은 '역할 권한'과 '채널 권한'이 있습니다. 권한 항목은 거의 비슷하지만, '역할 권한'에만 해당하는 항목과 '채널 권한'에만 해당하는 항목이 일부 있고 채널 종류(일반 채널, 음성 채널, 스테이지 채널 등)에 따라 다른 항목도 있습니다.

❶ 일반 권한

✦ **채널 보기**: 채널을 볼 수 있는지, 없는지에 대한 권한입니다.

✦ **채널 관리하기**: 채널 이름, 설명, 텍스트 설정, 채널 삭제 등을 관리할 수 있는 권한
입니다.

✦ **역할 관리하기(역할 권한)**: 새 역할 생성, 역할 수정, 채널에서의 역할 권한 변경 등
역할을 관리할 수 있는 권한입니다.

❷ 권한 관리(채널 권한)

✦ **표현 관리하기(역할 권한)**: 서버에서 이모지, 스티커, 사운드를 편집하거나 삭제할
수 있는 권한입니다.

✦ **감사 로그 보기(역할 권한)**: 서버의 변경 사항에 대한 기록을 볼 수 있는 권한입니다.

✦ **서버 인사이트 보기(역할 권한)**: 서버 인사이트를 볼 수 있는 권한입니다.

✦ **웹후크 관리하기**: 웹후크를 생성 및 수정, 삭제 등을 할 수 있는 권한입니다.

✦ **서버 관리하기(역할 권한)**: 서버의 이름, 지역을 변경하거나 봇 추가, 규칙 업데이
트 등 서버를 관리할 수 있는 권한입니다.

❸ 멤버십 권한

✦ **초대 코드 만들기**: 서버에 신규 멤버를 초대할 수 있는 권한입니다.

✦ **별명 변경하기(역할 권한)**: 서버에서 사용할 자신의 별명을 변경할 수 있는 권한입
니다.

✦ **멤버 추방하기(역할 권한)**: 서버에서 다른 멤버를 추방할 수 있는 권한입니다.

✦ **멤버 차단하기(역할 권한)**: 서버에서 다른 멤버를 차단할 수 있는 권한입니다.

✦ **타임아웃 멤버(역할 권한)**: 타임아웃이 적용될 수 있는 권한입니다. 이 권한이 활성
화되어 있지 않다면 해당 멤버에게는 타임아웃 기능을 적용할 수 없습니다.

❹ 채팅 채널 권한

✦ **메시지 보내기**: 채널에서 메시지를 보낼 수 있는 권한입니다. 공지 채널의 경우 메
시지 보내기를 비활성화하는 경우가 많습니다.

✦ **스레드에서 메시지 보내기**: 채널에 생성된 스레드에서 메시지를 보낼 수 있는 권한
입니다.

✦ **공개 스레드 만들기**: 채널에서 공개 스레드를 만들 수 있는 권한입니다.

◆ **비공개 스레드 만들기**: 채널에서 비공개 스레드를 만들 수 있는 권한입니다.

◆ **링크 첨부**: 채널에서 링크를 첨부할 수 있는 권한입니다. 스캠(Scam) 문제로 해당 기능을 비활성화하는 경우가 많고 비활성화하면 GIF 파일로 업로드할 수 없습니다.

◆ **파일 첨부**: 채널에서 파일을 첨부할 수 있는 권한입니다.

◆ **반응 추가하기**: 채널에서 메시지에 반응을 추가할 수 있는 권한입니다.

◆ **외부 이모지 사용**: 유료 서비스인 니트로(Nitro)를 구독중인 멤버에게 줄 수 있는 권한입니다. 해당 권한이 활성화되어 있으면 다른 서버의 이모지를 사용할 수 있습니다.

◆ **외부 스티커 사용**: 유료 서비스인 니트로를 구독중인 멤버에게 줄 수 있는 권한입니다. 해당 권한이 활성화되어 있으면 다른 서버의 스티커를 사용할 수 있습니다.

◆ **@everyone, @here, 모든 역할 멘션하기**: 채널에서 모든 멘션이 가능한 권한입니다.

◆ **메시지 관리**: 채널에서 다른 멤버의 메시지를 삭제하거나 고정할 수 있는 권한입니다.

◆ **스레드 관리하기(역할 권한)**: 스레드의 이름을 변경하거나, 삭제하거나, 스레드를 닫는 등 설정에 접근할 수 있고 비공개 스레드도 볼 수 있는 권한입니다.

◆ **메시지 기록 보기**: 채널에서 전송된 이전 메시지를 읽을 수 있는 권한입니다.

◆ **텍스트 음성 변환 메시지 전송**: /tts 명령어를 사용해서 텍스트 음성 변환(TTS; Text To Spech) 메시지를 보낼 수 있는 권한입니다.

◆ **애플리케이션 명령어 사용**: 서버의 명령어를 사용할 수 있는 권한입니다.

◆ **음성 메시지 보내기**: 서버에서 음성 메시지를 보낼 수 있는 권한입니다.

❺ 음성 채널 권한

◆ **연결**: 음성 채널에 참가하여 다른 사람의 음성을 들을 수 있는 권한입니다.

◆ **말하기**: 음성 채널에서 이야기할 수 있는 권한입니다. 이 권한이 꺼져 있을 때는 '멤버 마이크 음 소거' 권한을 가진 사람이 허용하기 전까지 기본적으로 마이크가 꺼져 있습니다.

◆ **영상**: 서버에서 동영상을 공유하거나, 화면 공유 및 게임 방송 기능을 사용할 수 있는 권한입니다.

◆ **활동 사용하기**: 서버에서 활동 기능을 사용할 수 있는 권한입니다.

◆ **사운드보드 사용**: 서버의 사운드보드에서 사운드를 전송할 수 있는 권한입니다.

◆ **외부 사운드 사용**: 유료 서비스인 니트로를 구독 중인 멤버에게 줄 수 있는 권한으로, 다른 서버의 사운드를 사용할 수 있습니다.

◆ **음성 감지 사용**: 음성 채널에서 말을 꺼내는 것만으로도 음성이 감지되어 발언할 수 있는 권한입니다. 이 권한이 꺼져 있으면 화면의 마이크 버튼을 눌러서 말하기 기능을 사용해야 합니다.

◆ **우선 발언권**: 음성 채널에서 해당 멤버의 음성이 더 크게 들릴 수 있도록 허용하는 권한입니다.

◆ **멤버들의 마이크 음 소거하기**: 음성 채널에서 다른 멤버의 마이크를 끌 수 있는 권한입니다.

◆ **멤버의 헤드셋 음 소거하기**: 음성 채널에서 다른 멤버의 음을 소거할 수 있는 권한입니다. 음 소거된 멤버는 말할 수도, 들을 수도 없습니다.

◆ **멤버 이동**: 음성 채널에서 다른 멤버를 다른 음성 채널로 이동하거나 연결을 차단할 수 있는 권한입니다.

❻ 무대 채널 권한

◆ **발언권 요청하기**: 스테이지 채널에서 발언권 요청을 허용하는 권한입니다.

❼ 이벤트 권한

◆ **이벤트 관리**: 이벤트를 편집하거나 취소할 수 있는 권한입니다.

❽ 고급 권한

◆ **관리자**: 이 권한을 가진 멤버는 모든 권한을 가집니다.

커뮤니티 운영 방법에 따라 특정 멤버에게 중요한 역할을 부여하고 상황에 따라 1회성 역할을 부여하는 등 다양한 역할이 생성될 수 있습니다. 그러므로 커뮤니티 안에서 역할의 중요도에 따라 역할 순위를 설정할 수 있어요. 일반적으로 관리자와 운영 팀원, 모더레이터(Moderator), 상위 멤버 등 다양한 역할에 순위를 설정하여 온라인 멤버와 분리하여 표시하지만, 꼭 순위를 구분할 필요는 없습니다.

1 서버 설정에서 [역할]을 선택하면 현재 생성되어 있는 역할 목록을 확인할 수 있습니다.

역할 목록

2 나열된 순서가 역할의 순위라고 생각하세요. 나열된 역할의 순위를 변경하려면 역할 이름에 마우스 포인터를 올려놓고 표시된 ⠿ 아이콘을 클릭한 상태에서 원하는 위치로 드래그합니다.

드래그

3 역할 순위를 변경하고 채팅 창으로 되돌아오면 **2**에서 설정한 역할 순위의 순서대로 역할이 표시된 것을 확인할 수 있습니다.

서버 운영의 기본, 카테고리와 채널 만들기

서버를 잘 만들었으면 이제는 서버를 운영하기 위해 서버 멤버들이 이용할 카테고리와 채널을 만들어야 합니다. 그리고 커뮤니티를 효과적으로 운영하기 위해 멤버들에게 적절한 역할을 부여할 수 있습니다. 이러한 역할 설정은 커뮤니티 안에서 각 멤버의 포지션을 알 수 있고, 멤버들 간의 등급을 역할 부여로 구분할 수 있으며, 커뮤니티 활동을 활발하게 하도록 동기 부여 수단으로도 이용할 수 있습니다. 또한 커뮤니티의 재미를 위해 이벤트 기능을 이용할 수도 있습니다. 이번에는 서버 운영을 위한 기본적인 기능을 설정해 보겠습니다.

카테고리 만들고 설정하기

하나의 카테고리는 여러 개의 채널로 구성되어 있습니다. 그러므로 먼저 카테고리부터 만들어야 채널을 만들 수도 있고 카테고리를 생성한 후에는 기존의 채널을 카테고리의 하위로 옮겨올 수도 있습니다. 이번에는 카테고리를 생성하는 방법과 일반/권한 설정도 함께 알아보겠습니다.

🎮 Discord ✕ 카테고리 만들기

1 서버 왼쪽에 있는 채널 목록의 여백 부분에서 마우스 오른쪽 버튼을 클릭하고 [카테고리 만들기]를 선택합니다. [카테고리 만들기] 창이 표시되면 카테고리 이름을 입력하고 [카테고리 만들기]를 클릭하세요.

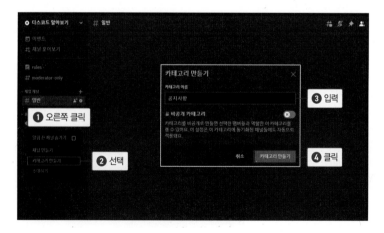

2 카테고리를 비공개로 만들고 싶다면 카테고리 이름을 입력하고 '비공개 카테고리'를 활성화한 후 [다음]을 클릭합니다. [멤버 또는 역할 추가] 창이 표시되면 멤버 또는 역할을 선택하고 [카테고리 만들기]를 클릭하세요. 이 기능은 역할을 먼저 만들고 멤버가 있을 때 설정할 수 있습니다. 아직 역할 생성이나 멤버 입장 전이라면 [건너뛰기]를 클릭하고 나중에 설정하세요.

3 카테고리가 만들어지면 다음 화면과 같이 서버 목록에 나타납니다.

TIP ✦
카테고리나 채널의 위치를 변경하려면 해당 카테고리나 채널을 클릭한 상태에서 원하는 위치로 드래그하면 됩니다. 카테고리를 움직이면 하위 채널까지 한 번에 옮길 수 있고, 채널을 움직이면 현재 카테고리에서 다른 카테고리로 이동할 수 있어요.

카테고리와 채널, 역할은 왼쪽 화면과 같이 구분할 수 있습니다. 하나의 카테고리 아래에 하위 채널들을 생성할 수 있는데, 화면에서는 'INFORMATION'이 카테고리이고 'announcement'가 채널입니다. 서버의 왼쪽에 있는 멤버 목록을 보면 역할별로 멤버가 표시되었습니다. 'BUBBLY TEAM'이 역할 이름이고 현재 접속해 있는 역할 멤버가 'BnF_Fairy(요정)'입니다.

Discord × ## 카테고리 설정하기

카테고리에서 마우스 오른쪽 버튼을 클릭하면 카테고리 메뉴를 확인할 수 있습니다.

1 카테고리 관련 메뉴는 다음과 같습니다.

❶ **읽음으로 표시하기**: 해당 카테고리 하위 채널의 읽지 않은 새로운 메시지를 모두 읽음으로 표시할 수 있습니다.

❷ **카테고리 접기**: 카테고리의 하위 채널들을 보이지 않게 할 수 있습니다.

❸ **모든 카테고리 접기**: 생성되어 있는 카테고리를 모두 접어 모든 채널이 보이지 않게 할 수 있습니다.

❹ **카테고리 알림 끄기**: 카테고리 하위 채널에 올라오는 신규 메시지에 대한 알림을 끌 수 있고 얼마 동안 알림을 받지 않을 것인지 선택할 수 있습니다.

❺ **알림 설정**: 카테고리에서 하위 채널의 알림을 멘션에 대해 받을 것인지, 모든 메시지에 대해 받을 것인지 설정

할 수 있습니다.

❻ **카테고리 편집하기**: 카테고리 이름이나 권한 등을 편집할 수 있습니다.

❼ **카테고리 삭제**: 카테고리를 삭제할 수 있습니다.

❽ **채널 ID 복사하기**: 선택한 채널의 고유 ID를 복사합니다. 디스코드의 채널, 메시지, 서버 등은 모두 각 요소를 구별할 수 있는 고유 ID로 구성되어 있습니다. 이 항목은 디스코드 [설정]에서 [개발자 모드]가 활성화되어 있어야 표시되는 항목으로 [채널 ID 복사하기]를 선택하면 디스코드 관련 코딩 작업에 필요한 고유 ID를 복사할 수 있습니다.

2 카테고리를 편집해 보겠습니다. 카테고리에서 마우스 오른쪽 버튼을 클릭한 후 카테고리 메뉴에서 [카테고리 편집하기]를 선택합니다. 카테고리 편집 메뉴에서 [일반]을 선택하면 현재 선택된 카테고리의 이름을 변경할 수 있습니다. '카테고리 이름'에 원하는 이름을 입력하고 [변경사항 저장하기]를 클릭하면 카테고리의 이름이 변경됩니다.

3 카테고리 편집 메뉴에서 [권한]을 선택하면 현재 선택된 카테고리의 공개 여부와 공개 범위 등을 설정할 수 있습니다.

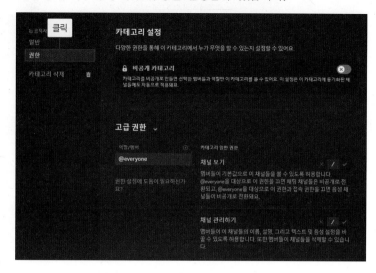

4 [비공개 카테고리]에 체크 표시하여 활성화하면 현재 카테고리를 비공개로 전환할 수 있습니다. 일부 멤버나 특정 역할의 멤버에게만 카테고리를 공개하려면 '누가 이 카테고리 이용이 가능한가요?'의 [멤버 또는 역할 추가]를 클릭하고 카테고리를 공개할 멤버나 역할을 선택한 후 [완료]를 클릭하세요.

5 설정이 완료되면 해당 카테고리에 접근할 수 있는 멤버나 역할의
목록이 표시됩니다.

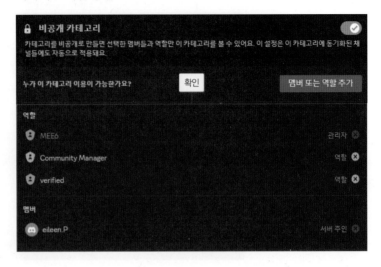

6 카테고리를 비공개로 전환하면 카테고리의 하위 채널 목록에 자
물쇠(🔒)가 표시됩니다. 지정된 역할이나 멤버가 아닌 멤버들은 카테
고리를 볼 수 없게 할 수도 있고, 카테고리를 볼 수는 있지만 활동할
수 없게 할 수도 있어요. 일반적으로 지정된 역할이나 멤버가 아니면
카테고리가 전혀 안 보이게 설정합니다.

TIP ✦
왼쪽 그림의 '채팅 채널'의
경우 하위 카테고리인 [일
반]과 [수다방]은 지정한 역
할이 아니면 활동을 할 수
없습니다. 오른쪽 그림의
경우 채널 목록에 [채팅 채
널]이 표시되지 않습니다.

7 [고급 권한]을 클릭하고 '역할/멤버'에서 원하는 역할이나 멤버를 선택해 좀 더 구체적으로 구분하여 세세한 권한을 부여할 수 있습니다. @everyone의 채널 보기가 공개 카테고리이면 ✓로, 비공개 카테고리이면 ✗로 선택되어 있을 것입니다. 고급 권한에 대한 자세한 내용은 169쪽을 참고하세요.

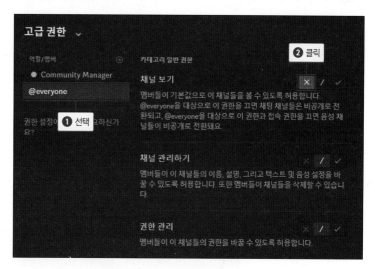

002

채널 만들고 설정하기

카테고리를 만들고 설정했으니 이제 카테고리 하위에 들어갈 채널을 만들고 설정해 보겠습니다. 일반 채널, 음성 채널, 포럼 채널, 공지 채널, 스테이지 채널 등 다양한 유형의 채널을 만들어 커뮤니티에서 활용할 수 있습니다. 커뮤니티를 관리하는 사람이라면 목적과 상황에 맞는 채널을 생성하여 멤버들의 참여를 이끌어낼 수 있어야 합니다.

🎧 Discord × 채널 만들기

1 채널을 만들려면 카테고리 옆의 ➕ 버튼을 클릭하거나 채널 목록의 여백에서 마우스 오른쪽 버튼을 클릭하고 [채널 만들기]를 선택합니다.

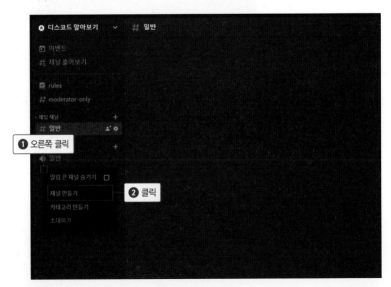

2 채널을 만들 수 있는 여러 유형의 채널 목록이 표시되면 어떤 유형의 채널을 만들 것인지 선택합니다. 채널 이름을 입력하고 [채널 만들기]를 클릭하세요.

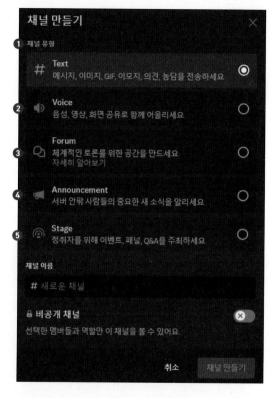

TIP ✦
각 채널 유형은 #, 🔊, 💬, 📢, 📻 의 아이콘으로도 구분할 수 있습니다.

❶ **Text**: 메시지, 이미지, GIF, 이모지 등을 업로드하고 소통할 수 있는 일반 채널입니다.

❷ **Voice**: 음성 채팅, 영상 채팅, 화면 공유 등의 방법으로 소통 할 수 있는 채널입니다.

❸ **Forum**: 특정 주제를 가지고 멤버들끼리 이야기하고 토론할 수 있는 채널입니다.

❹ **Announcement**: 커뮤니티의 중요한 소식을 업로드할 수 있는 채널입니다.

❺ **Stage**: 멤버들과 이벤트, 강의, Q&A 등을 진행할 수 있는 채널입니다.

채널 이름에 마우스 포인터를 올려놓으면 오른쪽에 채널 초대 아이콘
(👤)과 채널 편집 아이콘(⚙️)이 표시됩니다. 여기서 ⚙️ 아이콘을 클
릭하면 채널 편집 메뉴로 이동합니다. 채널 편집 메뉴에는 [일반], [권
한], [초대], [연동], [채널 삭제하기]가 있습니다.

1 채널 편집 메뉴에서 [일반]을 선택하면 다음과 같은 항목이 표시
되면서 해당 채널 이름과 주제를 변경할 수 있습니다. 채널 이름에는
이모지를 함께 사용할 수 있고 '채널 주제'는 현재 채널에 대한 성격이
나 공지 사항 등을 설명할 때 유용합니다. 원하는 내용을 입력하고 [변
경 사항 저장하기]를 클릭하면 변경한 내용이 반영됩니다.

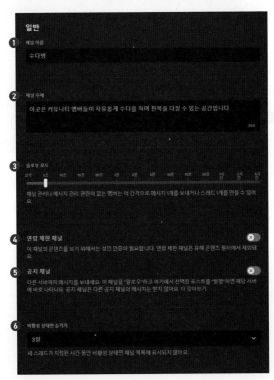

❶ 채널 이름: 채널의 이름을 변경할 수 있습니다.

❷ 채널 주제: 어떻게 사용하는 채널인지 멤버들이 확인할 수 있도록 내용을 작성할 수 있습니다.

❸ 슬로우 모드: 슬로우 모드란, 채팅이나 스레드를 생성한 채널을 설정된 시간 간격으로 활동할 수 있게 하는 기능입니다. 채널에 참여하는 멤버가 많아서 실시간 채팅을 확인하기 어려우면 슬로우 모드를 설정해 보세요. '슬로우 모드'의 조절바를 원하는 시간으로 드래그하면 지정한 시간 간격에 맞춰 1개의 메시지나 스레드를 만들 수 있습니다. 슬로우 모드를 활성화한 채널은 채팅 입력 창의 아래쪽에 슬로우 모드가 활성화되었다는 문장이 표시됩니다. 그리고 멤버가 채팅하면 채팅 입력 창의 아래쪽에 슬로우 모드로 설정된 시간이 카운트다운되는 것을 확인할 수 있어요.

❹ 연령 제한 채널: '연령 제한 채널'을 활성화하면 해당 채널에 접근하기 전에 성인 인증을 거쳐야 합니다. 따라서 미성년자의 접근을 제한하려면 이 기능을 활성화하세요. 연령 제한이 설정된 채널은 유해 콘텐츠 필터에서 제외되므로 특별한 관리가 필요합니다.

❺ 공지 채널: 일반 채널을 공지 채널로 변경할 수 있는 기능입니다. 공지 채널은 커뮤니티 서버에서 운영할 수 있는 채널로, 멤버가 이 채널을 '팔로우'하고 관리자가 포스트를 '발행'하면 팔로우한 멤버의 서버에서 확인할 수 있습니다.

❻ 비활성 상태면 숨기기: 설정한 기간 동안 채널에 생성되어 있는 스레드의 활동이 없으면 채널 목록에 표시하지 않는 기능으로, 사용하지 않는 스레드를 확인하고 채널 목록을 깔끔하게 유지할 수 있습니다. [1시간], [24시간], [3일], [1주] 중 하나의 기간을 선택할 수 있고 숨김 처리된 스레드의 경우 활동이 감지되면 다시 표시됩니다.

2 채널 편집 메뉴에서 [권한]을 선택하여 권한 편집을 진행할 수 있고 설정 방법은 카테고리 권한 설정 방법과 같습니다. 만약 채널에 해당 카테고리와 같은 권한을 설정하려면 [지금 동기화하기]를 클릭하세요.

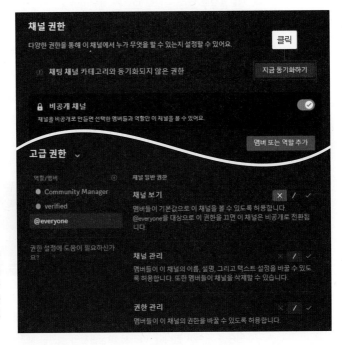

TIP ✦
카테고리에 권한을 동기화하지 않고 개별적으로 권한을 설정하는 방법은 카테고리 권한 설정 방법과 동일하므로 166쪽을 참고하세요.

3 권한을 동기화할지 물어보는 메시지 창이 표시되면 [권한 동기화하기]를 클릭하세요. 그러면 채널이 카테고리 권한에 동기화된 것을 확인할 수 있습니다.

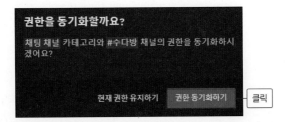

4 채널 편집 메뉴 중 [초대]에서는 활성화된 해당 채널 초대 링크의 목록을 확인할 수 있습니다. 누가 초대 링크를 생성했는지, 해당 링크를 몇 번 사용했는지, 링크의 유효 시간은 얼마나 남았는지 확인할 수 있어요. 이 기능은 멤버들이 어떤 채널에 외부 사람들을 초대하는지, 누가 가장 활발하게 초대 활동을 하는지 등의 데이터를 수집하는 데 매우 편리합니다. 이 채널에 신규 멤버가 초대되는 것을 일시 정지하려면 [초대 일시 정지]를 클릭하세요.

5 [초대 일시 정지] 창이 표시되면 [네]를 클릭합니다. 초대 링크 생성은 가능하지만, 신규 멤버가 이 채널에 참가할 수는 없습니다.

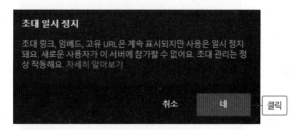

6 초대 일시 정지를 풀어 다시 활성화하려면 [초대 활성화]를 클릭합니다.

7 채널 편집 메뉴 중 [연동]에서는 이 채널에 팔로우 중인 채널과 웹후크를 관리할 수 있습니다.

8 웹후크를 만들거나 만든 웹후크를 관리할 수 있습니다. 디스코드에서는 다른 서버나 외부 어플 계정을 디스코드 채널과 연동하여 새로운 메시지나 콘텐츠가 업로드되었을 때 설정된 채널에 자동으로 업데이트되면서 알림을 주는 '웹후크' 기능을 지원합니다. [웹후크 만들기]를 클릭하면 새로운 웹후크가 생성되고 만들어진 웹후크를 클릭하면 이름과 채널, 아이콘 이미지를 설정할 수 있어요.

TIP
웹후크 지정 채널은 연결된 어플에 업로드된 새 콘텐츠의 알림을 받을 채널을 선택하면 됩니다. 실제 웹후크 기능은 URL을 발행해도 외부 어플에서 코딩 작업이 필요하며 전문 개발자가 아니면 웹후크 기능을 사용하기 어려우므로 여기서는 간단한 설정 방법에 대해서만 다루었습니다.

9 해당 채널에 팔로우한 채널이 있으면 다음의 화면과 같이 표시됩니다. [채널 보기]를 클릭하면 팔로우하고 있는 채널들을 확인할 수 있어요.

10 목록 중 하나를 클릭하면 공지 이름과 포스팅되는 채널을 수정할
수도 있고 팔로우를 취소할 수도 있습니다.

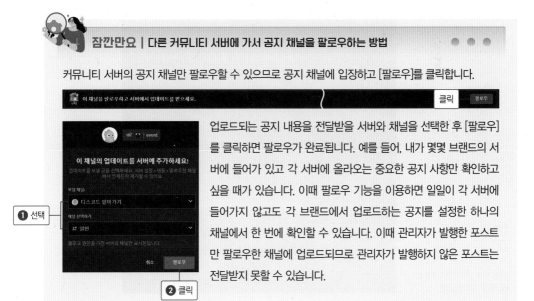

잠깐만요 | 다른 커뮤니티 서버에 가서 공지 채널을 팔로우하는 방법

커뮤니티 서버의 공지 채널만 팔로우할 수 있으므로 공지 채널에 입장하고 [팔로우]를 클릭합니다.

업로드되는 공지 내용을 전달받을 서버와 채널을 선택한 후 [팔로우]
를 클릭하면 팔로우가 완료됩니다. 예를 들어, 내가 몇몇 브랜드의 서
버에 들어가 있고 각 서버에 올라오는 중요한 공지 사항만 확인하고
싶을 때가 있습니다. 이때 팔로우 기능을 이용하면 일일이 각 서버에
들어가지 않고도 각 브랜드에서 업로드하는 공지를 설정한 하나의
채널에서 한 번에 확인할 수 있습니다. 이때 관리자가 발행한 포스트
만 팔로우한 채널에 업로드되므로 관리자가 발행하지 않은 포스트는
전달받지 못할 수 있습니다.

Voice 채널 설정하기

Voice 채널은 음성 전용 채널입니다. 음성 채널의 편집 메뉴는 Text 채널과 같이 [일반], [권한], [초대], [연동], [채널 삭제하기]가 있습니다.

1 [일반] 메뉴에서는 채널 이름을 변경하거나 슬로우 모드, 연령 제한 채널을 설정할 수 있습니다. 사용 방법은 Text 채널과 동일합니다.

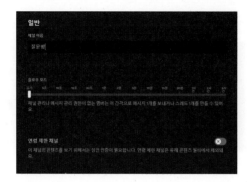

2 음성 채널에서만 필요한 설정 항목들도 있습니다.

TIP ✦
[권한], [초대], [연동] 메뉴는 Text 채널과 사용법이 같으므로 자세한 내용은 182쪽을 참고하세요.

❶ **비트레이트**: 오디오 품질을 관리할 수 있습니다. 기본 비트레이트는 8~96kbps 범위이고(니트로 유료 구독자의 경우 128kbps까지), 기본값은 64kbps입니다.

❷ **동영상 품질**: 자동 혹은 720p(니트로 유료 구독자의 경우 1,080p까지) 중에서 선택할 수 있습니다.

❸ **최대 사용자 수**: 음성 채널에 참여할 수 있는 인원을 설정할 수 있습니다. 1~99명까지 또는 '제한 없음'으로 설정할 수 있습니다.

❹ **지역 우선 설정**: 지역은 음성 및 비디오 품질에 영향을 줄 수 있고 설정해 둔 지역으로 모든 멤버가 연결됩니다. 다만 실제 거주 지역과 다른 지역으로 연결되는 경우에는 음성이나 비디오 품질이 떨어질 수 있어요.

🎮 Discord ✕ **Forum 채널 설정하기**

포럼(Forum) 채널은 특정한 주제에 대하여 참가자들끼리 이야기하고 토론할 수 있는 채널입니다. 스레드와 비슷해 보이는데, 스레드는 채널 안에 생성되는 것이고, 포럼 하나의 채널 형태로 생성됩니다.

1 [채널 만들기]에서 Forum 채널을 선택해서 만들면 채널명 앞에 🔍 아이콘이 생성됩니다. 그리고 채널명 오른쪽의 ⚙ 아이콘을 클릭하면 편집 메뉴가 나타나는데, 처음에는 순서대로 설정을 따라할 수 있게 5단계가 표시됩니다.

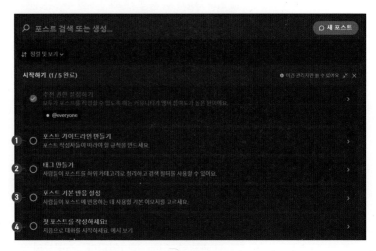

❶ **포스트 가이드라인 만들기**: 포스트 작성자들이 따라야 할 가이드를 작성하는 곳입니다. 클릭하면 [일반] 메뉴의 가이드라인을 작성하는 화면으로 이동합니다.

❷ **태그 만들기**: 태그를 만들어 하위 카테고리로 정리하고 검색 필터를 사용할 수 있게 합니다. 클릭하면 [일반] 메뉴의 태그 만들기 화면으로 이동하는데, 원하는 태그를 입력하고 관리자만 태그를 적용할 수 있도록 허용할 것인지 설정한 후 [저장]을 클릭합니다. 태그는 채널 편집 메뉴 중 [일반]에서 추가할 수 있고 포스팅할 때 태그를 필수로 선택할 것인지도 설정할 수 있어요. 관리자만 태그를 적용할 수 있게 해 두면 관리자가 아닌 멤버는 포스팅할 때 태그를 선택할 수 없습니다.

❸ 포스트 기본 반응 설정: 사람들이 포스트에 반응하는 데 사용할 기본 이모지를 선택할 수 있습니다. 클릭하면 기본 반응을 선택하는 화면이 표시되는데, [이모지 선택하기]를 클릭하고 원하는 이모지를 선택한 후 [저장]을 클릭합니다.

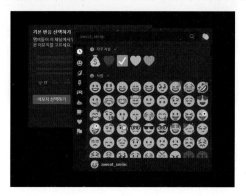

❹ 첫 포스트를 작성하세요!: 첫 포스트를 작성해 두면 다른 멤버들이 보고 참여하도록 유도할 수 있습니다. 제목과 내용을 작성하고 태그를 선택한 후 [포스트]를 클릭합니다.

첫 포스트가 발행되면 다음 화면과 같이 표시됩니다. 멤버들은 이 포스팅을 클릭하고 포스트에 반응하거나 채팅에 참여할 수 있어요.

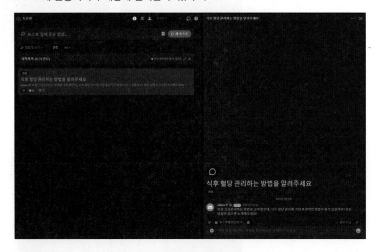

2 [추천 권한 설정하기]에서는 포스트 작성이 가능한 역할을 설정할 수 있습니다. 모든 멤버에게 허용하려면 '@everyone이 포스트할 수 있도록 허용'을 활성화하세요.

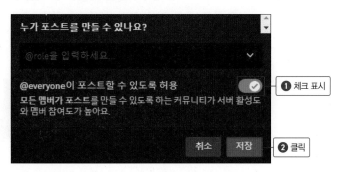

3 첫 설정이 끝난 후 설정을 변경하려면 채널명 오른쪽의 채널 설정 아이콘(⚙)을 클릭하여 채널 편집 메뉴로 이동한 후 [일반]에서 채널 이름, 포스트 가이드라인, 태그, 기본 반응을 설정할 수 있습니다. 설정 방법은 앞에서 설명한 방법과 같습니다.

4 추가로 포럼 채널에서 사용하는 기능은 다음과 같이 설정합니다.

❶ 슬로우 모드: Text 채널의 슬로우 모드와 같은 기능입니다. 포스트 작성 간격에 대한 슬로우 모드와 메시지 작성 간격에 대한 슬로우 모드를 모두 설정할 수 있습니다.

❷ 기본 레이아웃: 미디어 위주 갤러리나 텍스트 위주 리스트 보기 중에서 레이아웃을 설정할 수 있습니다.

❸ **정렬 순서**: 포스트 정렬 순서를 포스트 생성 시간에 따른 순서로 설정하거나 포스트의 최근 활동 순서로 설정할 수 있습니다.

TIP ✦
Forum 채널 편집 메뉴의 [권한], [초대], [연동] 메뉴는 Text 채널과 사용법이 같으므로 자세한 내용은 182쪽을 참고하세요.

❹ **연령 제한 채널**: 다른 채널과 동일하게 성인 인증이 필요한 내용을 업로드하려면 활성화해야 합니다.

❺ **비활성 상태면 숨기기**: 다른 채널과 동일하게 비활성 상태의 시간 설정에 따라 포스트를 숨길 수 있습니다.

🎮 Discord   x   ## Announcement 채널 설정하기

Announcement(공지 사항) 채널은 커뮤니티 서버에서 아주 유용하게 사용할 수 있는 채널입니다. 커뮤니티 멤버들이 공지 채널을 팔로우하면 공지 사항으로 올라오는 내용 중 관리자가 '발행'한 포스트가 팔로우한 멤버의 서버에 자동으로 업데이트됩니다.

채널 편집 메뉴에서 [일반]을 선택하면 채널 이름과 채널 주제, 연령 제한 채널, 비활성 상태 시간 등을 설정할 수 있습니다. 기본적으로 공지 채널이 활성화되어 있는데, 공지 채널을 비활성화하면 공지 채널이 해제되어 멤버들이 더 이상 이 채널을 팔로우할 수 없습니다.

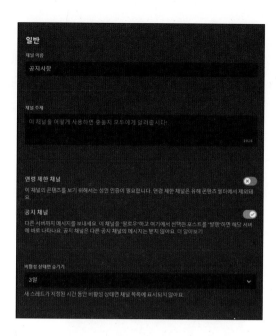

TIP ✦

Announcement 채널 편집
메뉴의 [권한], [초대], [연
동] 메뉴는 Text 채널과 사
용법이 같으므로 자세한 내
용은 182쪽을 참고하세요.

🎮 Discord   x   **Stage 채널 설정하기**

Stage 채널은 발언하는 사람과 청중이 구분되어 있어서 이벤트나
Q&A 또는 강의를 진행하는 데 적합한 채널로, 많은 인원이 활동하는
커뮤니티에서 아주 유용하게 이용할 수 있습니다.

1 [채널 만들기]에서 Stage 채널을 선택하고 만들기를 하면 [스테이지 관리자 추가하기] 창이 표시됩니다. 스테이지 관리자란, 다른 연설자를 추가하거나 제거할 수 있는 연설자입니다. 서버의 관리자만 스테이지 관리자가 될 수 있는 것은 아니므로 관리자로 지정할 역할을 선택한 후 [채널 만들기]를 클릭합니다.

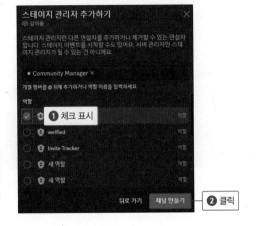

TIP ✦
Stage 채널 편집 메뉴의 [일반], [권한], [초대], [연동] 메뉴는 음성 채널과 사용법이 같으므로 자세한 내용은 182쪽을 참고하세요.

2 스테이지를 시작하기 위해 채널에 입장한 후 [스테이지 시작하기]를 클릭합니다.

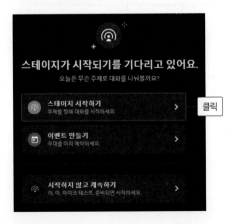

3 스테이지를 시작할 주제를 작성하는 화면이 표시되면 주제를 입력하고 [스테이지 시작하기]를 클릭합니다.

4 스테이지가 시작되면 다음 화면과 같이 채널 목록에 표시됩니다.

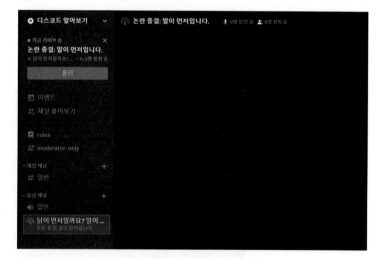

TIP ✦
스테이지 채널에 대한 자세한 내용은 126쪽을 참고하세요.

003

커뮤니티에 즐거움을 더해 줄 이벤트 설정하기

커뮤니티 서버에는 Voice 채널과 Stage 채널에서 진행할 이벤트를 미리 공지할 수 있는 이벤트 기능이 있습니다. 이벤트는 채널의 맨 위에 표시되므로 멤버의 눈에 잘 띄고 이벤트 내용을 미리 알리는 데 매우 유용합니다. 이번에는 커뮤니티 서버에서 진행되는 이벤트를 생성하는 방법에 대해 알아보겠습니다.

🎮 Discord ✕ **이벤트 생성하기**

1 커뮤니티 서버에서 채널 목록의 맨 위에는 이벤트 채널이 생성되어 있습니다. [이벤트] 채널을 선택하세요.

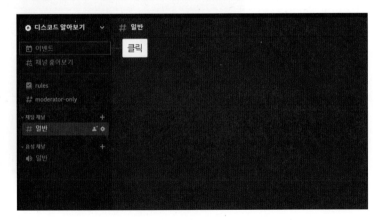

2 이벤트 창이 표시되면 예정되어 있는 이벤트를 확인할 수 있습니다. 예정된 이벤트가 없으면 [이벤트 만들기]를 클릭하여 새 이벤트를 생성할 수 있어요.

3 이벤트가 진행될 채널을 선택합니다. '무대 채널'이나 '음성 채널' 중 하나를 선택하면 서버에 생성되어 채널을 선택할 수 있습니다. 채팅 채널이나 디스코드 외부에서 진행하는 이벤트이면 이벤트가 진행될 위치의 URL을 입력하면 됩니다. 위치 정보를 모두 입력했으면 [다음]을 클릭하세요.

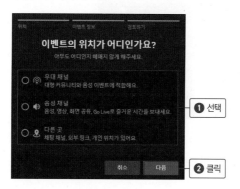

4 이벤트 주제, 일정, 설명 등 진행할 이벤트에 관한 정보를 입력하고 [다음]을 클릭합니다. 이벤트 관련 이미지가 있으면 [커버 이미지 업로드]를 클릭하여 이벤트 정보와 함께 이미지를 게시할 수 있어요.

5 이벤트를 생성하기 전 마지막 단계로, **4** 에서 입력한 이벤트 정보를 확인할 수 있습니다. 표시되는 내용을 확인하고 [이벤트 만들기]를 클릭하면 이벤트가 생성됩니다. 만약 수정할 내용이 있으면 [뒤로 가기]를 클릭하거나 이벤트 생성 창 위에 표시되는 단계를 클릭하세요.

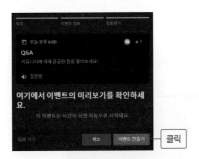

6 이벤트가 생성되었다는 메시지와 함께 URL이 표시됩니다. 이벤트를 알리고 싶은 사람에게 해당 링크를 공유할 수 있습니다.

7 다시 서버 채널 목록으로 되돌아오면 이벤트 채널에 '이벤트 1개'라는 메시지가 표시됩니다.

8 이벤트 채널을 클릭하면 생성된 이벤트를 확인할 수 있습니다. 이벤트가 열리는 채널명의 오른쪽에 있는 [...] 아이콘을 클릭하면 이벤트 메뉴가 표시됩니다.

TIP✦
이벤트 ID는 생성된 이벤트의 고유 번호입니다. 봇 개발자나 디스코드 개발팀에게 필요할 수 있는 항목으로, 일반적으로 많이 이용하지는 않습니다.

TIP✦
이벤트 정보를 확인한 멤버가 [관심 있음]을 클릭하면 몇 명의 멤버가 해당 이벤트에 관심이 있는지 확인할 수 있습니다.

❶ **달력에 추가**: 해당 이벤트 일정을 달력에 추가합니다.

❷ **이벤트 시작하기**: 이벤트 일정과 관계 없이 곧바로 이벤트를 시작합니다.

❸ **행사 수정/취소**: 생성한 이벤트를 수정하거나 취소합니다.

❹ **이벤트 링크 복사하기**: 이벤트 링크를 복사해 이벤트에 초대하거나 공유합니다.

❺ **이벤트 신고하기**: 생성된 이벤트를 신고합니다.

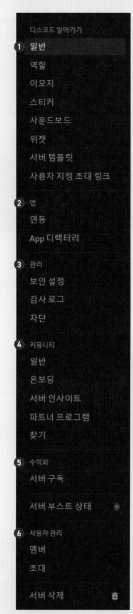

① 기본(커뮤니티명)

♦ **일반**: 서버 개요 설정 메뉴입니다. 서버 이름과 비활성화 채널을 지정하고, 시스템 메시지 채널과 알림을 설정하며, 부스트 진행도 막대를 표시하고, 서버 배너 배경과 서버 초대 배경 등을 설정할 수 있습니다.

♦ **역할**: 역할 설정 메뉴로, 역할 생성과 역할 권한 설정 등을 할 수 있습니다.

♦ **이모지**: 서버에 접속한 멤버가 사용할 수 있는 지정 이모지를 등록할 수 있습니다.

♦ **스티커**: 서버 스티커를 제작해 업로드할 수 있습니다. 서버 부스트 레벨에 따라 개수가 달라집니다.

♦ **사운드보드**: 서버에서 사용할 수 있는 사운드 반응을 업로드할 수 있습니다. 유료 서비스인 니트로(Nitro) 구독 멤버만 사운드를 이용할 수 있습니다.

♦ **위젯**: 외부 사이트에 게시하여 서버의 온라인 멤버나 채널을 표시하고 신규 멤버에게 초대 링크를 제공할 수 있습니다.

♦ **서버 템플릿**: 내가 만든 서버 채널이나 역할, 설정 등을 템플릿으로 만들어서 다른 사람들에게 제공할 수 있습니다.

♦ **사용자 지정 초대 링크**: 따로 채팅 채널을 만들어서 사용자 지정 초대 링크를 만들 수 있습니다. 서버의 부스트 3레벨이 되어야 이용할 수 있습니다.

② 앱

♦ **연동**: 웹후크, 팔로우한 채널, 외부 어플 연동, 봇 연동 등을 관리할 수 있습니다.

♦ **App 디렉터리**: 여러 가지 앱을 통해 서버를 사용자화할 수 있습니다.

③ 관리

♦ **보안 설정**: 서버의 보안을 관리할 수 있습니다.

♦ **감사 로그**: 서버에서 일어나는 변화를 모두 확인할 수 있습니다.

♦ **차단**: 서버에서 차단한 사람이 표시됩니다.

❹ 커뮤니티

✦ **일반**: 커뮤니티 서버를 활성화하고 규칙 채널, 업데이트 채널, 보안 알림 채널, 서버 설명 등을 설정할 수 있습니다.

✦ **온보딩**: 신규 멤버를 위한 채널과 역할을 지정하는 등 서버 가이드를 만들 수 있습니다.

✦ **서버 인사이트**: 신규 멤버 수, 활동 멤버 수 등 서버 인사이트를 확인할 수 있습니다.

✦ **파트너 프로그램**: 몇 가지 조건을 만족하면 디스코드 파트너 프로그램에 지원할 수 있습니다.

✦ **찾기**: 몇 가지 조건을 만족하면 디스코드 서버 찾기 목록에 서버를 오픈할 수 있습니다.

❺ 수익화

✦ **서버 구독**: 유튜브 가입하기와 같은 구독자들을 위한 혜택을 설정하고 수익을 창출할 수 있는 메뉴로, 아직 우리나라에서는 사용할 수 없습니다.

✦ **서버 부스트 상태**: 서버에 부스트를 지원하는 멤버의 수에 따라 레벨이 올라가고 레벨에 따른 혜택을 받을 수 있습니다.

❻ 사용자 관리

✦ **멤버**: 서버의 멤버를 검색하고 각 멤버의 역할 현황을 확인할 수 있습니다. 각 멤버에게 타임아웃을 적용하거나 추방, 차단 등의 기능을 이용할 수 있습니다.

✦ **초대**: 활성화된 모든 초대 링크를 확인할 수 있고 초대 기능을 일시 정지할 수 있습니다.

✦ **서버 삭제**: 서버를 삭제할 수 있습니다.

004

커뮤니티에 활력을 불어넣을 봇 활용하기

지금까지 알아본 디스코드의 기본적인 기능만 알고 있어도 디스코드를 이용하는 데 어려움이 없습니다. 하지만 직접 커뮤니티를 운영해 확장하려고 하거나 서버에서 모더레이터 등으로 일하고 싶다면, 서버를 꾸미거나 봇을 활용할 수 있어야 합니다. 특히 디스코드를 창의적으로 활용하여 커뮤니티 서버의 멤버들이 다양하게 활동하게 하면서 효율적으로 관리할 수 있는 봇의 사용법은 반드시 알아둘 필요가 있습니다. 이번 장에서는 디스코드에서 활용할 수 있는 가장 대표적인 봇인 Mee6의 사용법에 대해 알아보겠습니다.

001

MEE6 봇 활용하기 ①
- MEE6 봇 추가하기

디스코드의 기본 기능만 활용해도 다양한 방법으로 멤버들과 소통할 수 있지만, 봇을 추가하면 더욱 많은 것들을 할 수 있습니다. 봇을 활용하는 데 필요한 프로그래밍 언어에 익숙하지 않다면 봇을 충분히 활용하기 어려울 수 있지만 프로그래밍 언어를 잘 몰라도 활용할 수 있는 봇도 많죠. 여기서는 비교적 활용하기 쉽고 가장 활용도가 높은 MEE6 봇을 서버에 추가하여 커뮤니티에 활용하는 방법에 대해 알아보겠습니다.

MEE6 봇은 많은 서버에서 애용하고 있는 봇으로, '미유이'라는 애칭으로 많이 부릅니다. 그러므로 이어지는 내용에서는 '미유이'로 통칭하여 설명할게요. 미유이의 기본적인 기능은 무료로 사용할 수 있지만 고급 기능의 경우 유료 구독을 해야 사용할 수 있습니다. 미유이는 서버에 처음 입장하는 멤버에게 자동으로 환영 메시지를 보내거나, 이모지 클릭을 통한 역할 부여, 채팅 레벨 부여, 생일 알림, 게임 포인트 부여, 서버 관리, 임베드 메시지 발행, 외부 소셜 계정 연동 알림 등 굉장히 많은 기능을 제공합니다.

🎮 Discord × MEE6 봇 추가하기

1 미유이를 서버에 추가하려면 MEE6 웹사이트(https://mee6. xyz)에 디스코드 아이디로 로그인해야 합니다. 미유이 홈페이지로 이동한 후 [Login with Discord]를 클릭합니다.

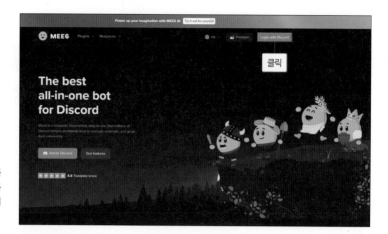

TIP ✦
미육이 홈페이지는 크롬
(Chrome) 브라우저를 통
해 접속해야 원활하게 이
용할 수 있습니다.

2 팝업이 표시되면 로그인하려는 계정의 접근 권한이 필요합니다.
권한 허용에 대한 내용을 확인한 후 [승인]을 클릭하면 자동으로 로그
인한 디스코드 계정과 연동되고 로그인이 완료됩니다.

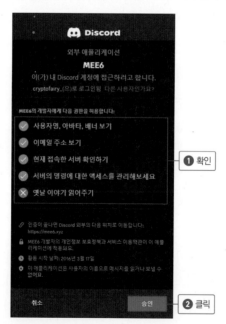

3 로그인한 계정이 관리자 혹은 소유자로 있는 서버 목록이 표시되면 미육이 봇을 입장시킬 서버 아래의 [Setup]을 클릭합니다.

4 계정에 엑세스하기 위한 승인 팝업 창이 표시되면 권한 허용에 대한 내용을 확인한 후 [계속하기]를 클릭합니다.

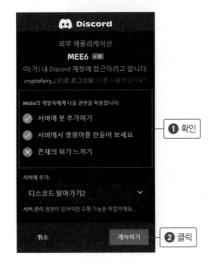

TIP ◈
봇은 서버 소유자 혹은 관리자 권한이 있는 멤버만 추가하거나 내보낼 수 있습니다.

5 다음 화면에서는 미육이에게 허용할 권한을 선택할 수 있습니다. 미육이를 활용한 기능에 대한 권한에 체크 표시한 후 [승인]을 클릭합니다. 미육이의 전반적인 기능을 모두 활용하고 싶다면 모든 권한을 사용할 수 있도록 하는 것이 편리합니다.

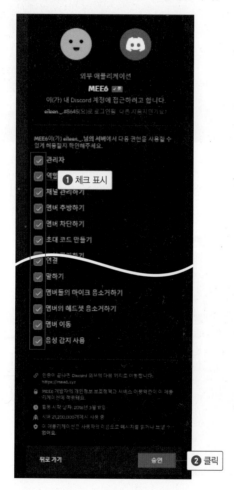

TIP ✦
권한을 허용하지 않을 경우 MEE6 봇의 일부 기능을 사용할 수 없습니다.

6 미육이의 서버를 사람이 하고 있는지에 대한 확인이 필요하므로 [사람입니다]에 체크 표시합니다.

7 미육이를 추가하는 서버의 목적을 선택하는 화면이 표시되면 제시되는 항목 중 가장 적합한 항목을 선택한 후 [Send]를 클릭합니다. 항목을 선택하지 않고 [Skip]을 클릭해도 됩니다.

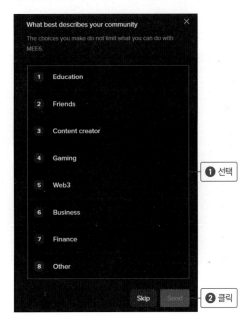

8 이후 **3** 에서 선택한 서버로 미육이가 입장합니다. 다시 디스코드로 되돌아오면 서버 화면의 오른쪽 멤버 목록에서 서버에 입장한 미육이를 확인할 수 있습니다.

9 MEE6 웹사이트의 왼쪽에는 미육이가 입장한 서버가 표시됩니다. 해당 페이지는 모두 영어로 안내되어 있으며, 아쉽게도 아직 한국어를 지원하지 않습니다. 이 페이지는 미육이의 다양한 기능이 나열된 대시보드 페이지로, 미육이의 전체 기능을 한 번에 살펴볼 수 있습니다. 이 밖에도 인기 기능이나 서버 관리, 유틸리티 등의 카테고리별로 구분하여 기능을 확인할 수 있습니다.

TIP✦
사용하는 인터넷 브라우저의 번역 기능을 사용하면 MEE6 웹사이트를 한국어로 번역할 수 있습니다.

002

MEE6 봇 활용하기 ②
– Welcome & Goodbye

미육이의 다양한 기능 중 서버에 입장한 멤버에게 환영 메시지를 전달하는 방법에 대해 알아보겠습니다.

미육이로 환영 메시지 전달하기

1 미육이의 대시보드 페이지에서 'Welcome & Goodbye'의 [Enable]을 클릭합니다.

2 'Welcome & Goodbye' 플러그인을 활성화할 것인지 확인하는 화면이 표시되면, [Activate Welcome & Goodbye]를 클릭합니다.

3 'Welcome & Goodbye'에서는 사용할 수 있는 기능이 나열되어 있습니다. 원하는 기능의 ◯ 을 클릭하면 해당 기능이 활성화되고 세부 설정을 변경할 수 있습니다. 'Welcome & Goodbye'에서 추천하는 기능은 'Send a message when a user joins the server'와 'Give a role to new users'입니다. 서로 비슷한 기능이지만 'Send a private message to new users'는 멤버가 스캠 메시지와 혼동할 수도 있으므로 가급적 사용하지 않는 것이 좋습니다. 'Send a message when a user leaves the server'는 특별히 전달할 메시지가 있는 경우를 제외한다면 굳이 설정할 필요가 없지만 멤버가 서버에 입장했을 때 메시지 전달해 서버에 입장했다는 것을 전달할 때 유용합니다. 그리고 'Give a role to new users'는 새로운 멤버에게 역할을 부여하여 멤버를 자동으로 관리하는 데 유용한 기능입니다.

❶ **Send a message when a user joins the server**: 멤버가 서버에 입장했을 때 메시지를 보낼 수 있습니다.

❷ **Send a private message to new users**: 새로운 멤버에게 개인 메시지 보낼 수 있습니다.

❸ **Give a role to new users**: 새로운 멤버에게 역할을 부여할 수 있습니다.

❹ **Send a message when a user leaves the server**: 멤버가 서버를 떠날 때 메시지를 보낼 수 있습니다.

1 'Welcome & Goodbye'에서 'Send a message when a user joins the server'를 활성화하면 설정 항목이 표시됩니다. 'Welcome Message Channel'은 서버에 새로운 멤버가 입장했을 때 서버의 어떤 채널에 메시지를 업로드할지 선택하는 항목으로, 원하는 채널을 선택합니다.

2 [Text message]를 클릭하면 아래쪽에 메시지 입력 창이 표시됩니다. 메시지 입력 창의 '{user}'는 서버에 입장한 새로운 멤버이고 '{srever}'는 메시지가 업로드되는 서버 이름으로, 메시지를 전달할 때 자동으로 완성된 메시지가 전달됩니다. 메시지 입력 창에 '{'를 입력하면 자동으로 완성되는 다른 항목을 선택할 수 있습니다. 메시지 입력 창에 원하는 환영 메시지를 입력해 보세요.

TIP ✦
[Embed message]로 환영 메시지를 전달하는 방법에 대한 자세한 내용은 215쪽을 참고하세요.

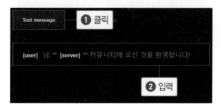

3 'Send a welcome card when a user joins the server'를 활성화하면 환영 메시지와 함께 아래쪽에 표시되는 환영 카드를 전달할 수 있습니다.

TIP ✦
카드를 편집할 수 있는 'Customize your welcome card' 메뉴는 프리미엄 서비스로, 유료 구독을 해야 이용할 수 있습니다.

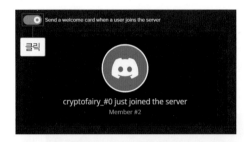

4 설정을 마치 후 반드시 'Changes detected! Pleases save or cancel.'의 [Save]를 클릭하세요.

5 설정이 완료된 후 새로운 멤버가 서버에 입장하면 아래와 같은 환영 메시지가 설정된 채널에 업로드됩니다.

[Text message]로 설정한 경우 서버에 입장한 멤버에게 전달되는 메시지

[Text message]+[Send a welcome card] 로 설정한 경우 서버에 입장한 멤버에게 전달되는 메시지

6 환영 메시지 전달 방법 중 [Embed message]를 클릭하면 좀 더 형식을 갖춘 환영 메시지를 전달할 수 있고 메시지 입력 창과는 다른 환영 메시지 편집 항목이 표시됩니다.

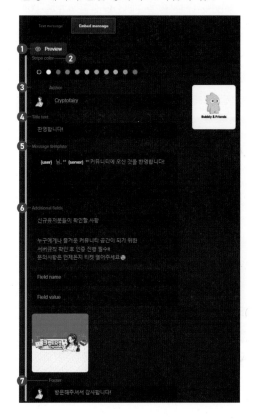

❶ **Preview**: [Preview]를 클릭하면 입력한 환영 메시지를 미리 보기로 확인할 수 있습니다.

❷ **Stripe color**: 환영 메시지의 오른쪽에 표시될 강조선의 색상을 선택할 수 있습니다.

❸ **Author**: 환영 메시지 작성자의 이름과 이미지를 업로드할 수도 있고 이미지를 표시할 위치를 선택할 수도 있습니다.

❹ **Title text**: 환영 메시지 제목을 입력합니다.

❺ **Message template**: 전달할 환영 메시지를 입력합니다. '{user}'는 해당 메시지를 받을 멤버이고, '{server}'는 환영 메시지를 전달하는 서버에 해당하며, 메시지를

전달할 경우 자동으로 완성된 메시지가 전달됩니다. 'Message Template'에 '{'를 입력하면 자동으로 완성되는 다른 항목을 선택할 수 있습니다.

❻ **Additional fields**: 환영 메시지 외에 전달하고 싶은 내용을 입력할 수 있습니다. 'Additional fields' 중 'Field name'은 추가 메시지의 제목, 'Field value'는 추가 메시지의 본문에 해당하며 'Field name'에 입력하는 내용은 'Field value'보다 굵게 표시됩니다. Field name의 이모지를 클릭하면 이모지를 변경할 수 있습니다.

❼ **Footer**: 추가 메시지와 함께 전달할 이미지를 업로드할 수도 있고 환영 메시지의 꼬리말에 해당하는 내용을 입력할 수도 있습니다.

[Embed message]로 설정한 경우 서버에 입장한 멤버에게 전달되는 메시지

 잠깐만요 | [Text message]와 [Embed message]의 차이

환영 메시지를 전달 방법 중 [Text message]와 [Embed message] 중 어떤 방법을 선택할지 고민인가요? 두 가지 방법 모두 환영 메시지를 전달하는 방법으로, 무엇을 선택해도 상관없지만 [Embed message]로 전달하는 환영 메시지가 좀 더 형식이 갖춰진 느낌을 전달할 수 있습니다. 필자가 여러 커뮤니티와 비교하면서 직접 커뮤니티를 해 본 결과 환영 메시지를 받는 멤버는 환영 메시지에 큰 의미를 두지 않습니다. 하지만 서버 규칙이나 중요한 안내 사항 등을 간결하게 전달해야 합니다. 또한 원활한 서버 운영을 위해 서버 규칙이나 중요한 안내 사항은 공지 채널에 게시하여 전체 멤버와 공유하는 것이 훨씬 효율적입니다.

1 'Welcome & Goodbye'에서 'Give a role to new users'를 활성화하면, 신규 멤버에게 부여할 역할을 선택할 수 있는 화면이 나타납니다. 미리 서버에서 역할을 만든 후, 해당 역할을 선택하고 [save]을 클릭하여 저장합니다.

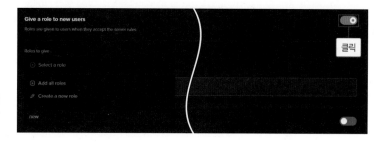

TIP ✦
역할을 만드는 방법에 대한 자세한 내용은 162쪽을 참고하세요.

2 역할을 설정한 후 서버로 돌아가면 새로 입장한 멤버에게 'new' 역할이 부여된 것을 확인할 수 있습니다.

003

MEE6 봇 활용하기 ③
– Reaction Roles

'Reaction Roles'는 디스코드 서버의 게시글에 특정 반응(Reaction)을 한 멤버들에게 해당 역할을 자동으로 부여하는 기능입니다. 반응 역할 부여하기 기능을 이용하면 미션에 참여한 많은 멤버에게 자동으로 역할을 부여할 수도 있고 해당 미션에 참여한 인원을 바로 확인할 수도 있습니다. 또한 미션을 통해 역할을 부여받은 멤버들을 대상으로 추가 이벤트를 진행할 수도 있으므로 커뮤니티 운영에 굉장히 유용한 기능입니다.

Discord x **반응별 역할 부여하기**

1 미육이 대시보드 페이지에서 'Reaction Roles'의 'Enable'을 클릭한 후 [Activate Reaction Roles]를 클릭합니다.

2 여러 가지 반응 메뉴 중 필수 기능인 'Verify'를 설정해 보겠습니다. [Verify]를 클릭하면 인증 과정을 거친 신규 멤버에게 인증된 멤버 역할을 부여하는 기능을 설정할 수 있습니다.

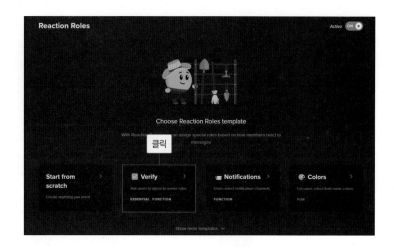

3 [Channel]에서는 해당 기능을 적용할 채널을 선택합니다. 인증 채널을 먼저 생성한 후 진행하는 것이 좋습니다.

4 'Message'에서는 멤버에게 제시할 미션의 내용이나 멤버에게 전달할 메시지를 임베드(embed) 형식으로 작성할 수 있습니다. 구체적인 내용을 입력하고 필요할 경우 이미지도 업로드합니다.

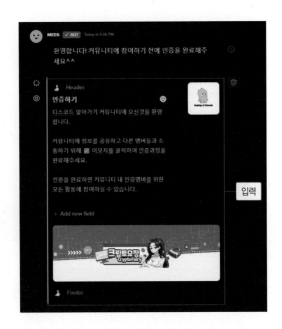

'Reactions and roles'에서 [Emoji], [Button], [Dropdown] 중
하나를 선택해 반응에 따른 역할을 부여할 수 있습니다. 각각의 설정
방법에 대해 알아보겠습니다.

1 'Reactions and roles'에서 [Emoji]를 선택합니다.

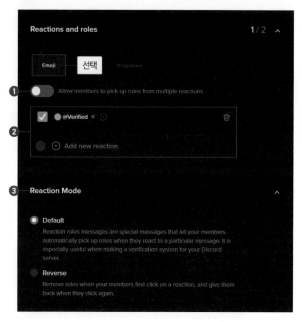

서버에서 역할을 미리 만들어 두면 미유이 사이트에서 편리하게 설정할 수 있습니다.

❶ Allow members to pick up roles from multiple reactions: 반응했을 때 역할이 부여되는 이모지를 하나만 설정할지, 여러 개 설정할지를 선택할 수 있습니다. 두 가지 이상 설정하려면 활성화해야 합니다.

❷ 반응했을 때 역할을 부여할 이모지와 부여할 역할을 선택합니다.

❸ Reaction Mode: 'Default'는 반응을 처음 클릭했을 때는 역할을 부여하고, 두 번째 클릭했을 때는 역할을 제거합니다. 'Reverse'는 반응을 처음 클릭했을 때는 역할을 제거하고 두 번째 클릭했을 때는 역할을 다시 부여합니다.

221

2 임베드 메시지 작성과 설정을 완료한 후 [Publish]를 클릭하여 서버에 적용합니다. 서버에 적용하기 전 저장만 하려면 [Save]를 클릭하세요.

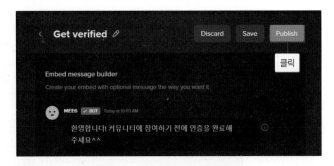

3 설정한 내용을 저장하면 반응 역할의 목록에 추가된 것을 확인할 수 있습니다.

4 설정을 완료한 후 채널로 이동하면 게시글이 업로드된 것을 확인할 수 있습니다. 미유이에서 설정한 이모지가 표시되어 있고 해당 이모지를 클릭하면 설정된 역할이 부여됩니다.

5 이모지를 클릭한 후 프로필로 이동하여 미유이에서 설정했던
'verified' 역할이 부여되었는지 확인합니다.

Button 반응 설정하기

1 'Reactions and roles'에서 [Button]을 선택하면 기존 이모지 설정에서 버튼 반응 설정으로 이동할 수 있습니다. 처음부터 [Button]을 선택하지 않고 [Emoji]를 설정한 후 변경하는 경우에는 변경 확인 문구가 나타나는데, [Change to button]을 클릭합니다.

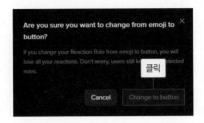

2 이모지 대신 버튼을 클릭했을 때 역할을 부여하도록 설정할 수 있습니다. [Your button]에 마우스 포인터를 올려놓으면 [Edit Button]으로 변경되어 표시됩니다. [Edit Button]을 클릭하면 버튼의 이름과 색, 이모지 등을 설정할 수 있으므로 버튼 모양과 역할을 설정하세요.

TIP ✦
'Reaction Mode'은 Emoji 설정과 동일하므로 자세한 내용은 221쪽을 참고하세요.

3 채널로 이동하여 설정한 대로 버튼이 업로드되었는지 확인한 후 해당 버튼을 클릭합니다. 'verified' 역할이 부여되었다는 메시지가 표시되는데, 이 메시지는 본인만 볼 수 있고 다른 사람들에게는 보이지 않습니다.

1 'Reactions and roles'에서 [Dropdown]을 선택하면 몇 가지 옵션을 제시하여 선택한 옵션에 따른 역할을 부여할 수 있습니다. 여기서는 사용 언어를 옵션으로 제시해 역할을 부여하는 방법에 대해 알아보겠습니다. 'Dropdown placeholder'에 옵션에 대한 설명을 입력하고 'OPTION EDITOR'에 멤버에게 제시할 옵션과 역할을 설정합니다.

2 설정을 저장하고 서버의 채널로 이동하면, 다음 화면과 같이 표시됩니다. 임베드 메시지 아래에 드롭다운 메뉴가 표시되므로 [한국어]와 [영어]중 하나를 선택할 수 있습니다.

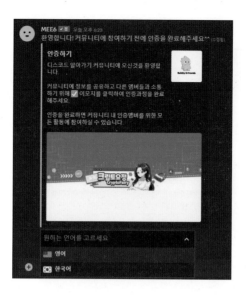

3 [한국어]를 선택하면 '@korean' 역할이 부여되었다는 미육이의
시스템 메시지가 업로드됩니다.

4 프로필에서 'Korea' 라는 역할이 부여된 것을 확인할 수 있습니다.

004 MEE6 봇 활용하기 ④
- Levels

디스코드 서버에서는 채팅 활동을 통해 레벨을 부여한 후 이 레벨 시스템을 통해 활동 멤버를 구분하여 관리할 수 있습니다. 커뮤니티를 활성화하기 위해 커뮤니티에서 활발하게 채팅 활동을 하는 멤버들에게 레벨을 부여하고 레벨에 따라 다른 혜택을 제공하여 멤버들에게 활동에 대한 동기를 부여할 수 있습니다. 이번에는 미육이를 활용하여 레벨 시스템을 적용하는 방법에 대해 알아보겠습니다.

Discord ✕ **채팅 활동을 통해 레벨 부여하기**

1 미육이의 대시보드 페이지에서 'Levels'의 [Enable]을 클릭한 후 [Activate Levels]를 클릭합니다.

 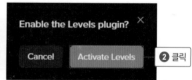

2 [Level up announcement] 에서는 채팅 활동으로 레벨이 올랐을 때 해당 내용을 공지할 방법을 선택할 수 있습니다. 레벨업 공지는 레벨 관련 채널에서 레벨 정보를 확인하거나 명령어로 자신이나 다른 멤버의 레벨을 쉽게 확인할 수 있으므로 [Custom Channel]로 설정하는 것이 유용합니다. 여기서는 [Custom Channel]을 선택했습니다.

TIP ✦
[Custom Channel]로 설정하려면 레벨 관리 채널이 생성되어 있어야 합니다.

❶ **Disabled**: 레벨업 관련 내용을 공지하지 않습니다.

❷ **Current Channel**: 해당 멤버가 활동하고 있는 채널에 공지합니다.

❸ **Private Message**: 공지 없이 레벨이 오른 멤버에게만 메시지를 전달합니다.

❹ **Custom Channel**: 관리자가 원하는 채널에 레벨 업 관련 내용을 공지합니다.

3 'Level Up Announcement Message'에서는 레벨업을 했을 때 전달할 문구를 수정할 수 있습니다. 기본 설정된 내용을 그대로 사용하거나 원하는 내용으로 수정해도 되지만 '{player}'와 '{level}'은 수정하거나 삭제하면 안 됩니다. 메시지를 전달할 때 '{player}'에는 멤버의 아이디가, '{level}'에는 해당 멤버의 레벨이 자동으로 표시됩니다.

4 설정을 저장한 후 서버의 레벨 채널에서 '/rank' 명령어를 입력하면 미유이에서 설정해 둔 rank card가 업로드되고 본인의 레벨을 확인할 수 있습니다.

005

MEE6 봇 활용하기 ⑤
– Statistics Channels

미육이의 'Statistics Channels' 기능을 사용하면 서버의 전체 인원이나 특정 활동에 참여한 인원 수 등을 쉽게 확인할 수 있습니다. 서버 관리자는 설정에서 전체 멤버나 역할별 인원, 특정 활동에 참여한 인원을 확인할 수 있지만, 일반 멤버는 확인할 수 없습니다. 'Statistics Channels'를 활성화하면 서버의 규모나 기본적인 사항을 실시간으로 공유할 수 있으므로 서버 홍보에도 도움이 되는 유용한 기능입니다.

🎮 Discord ✕ **서버 홍보에 유용한 통계 항목 표시하기**

1 미육이의 대시보드 페이지에서 'Statistics Channels'의 [Enable]을 클릭한 후 [Actiate Statistics Channels]를 클릭합니다.

2 'Statistics Channels'의 [Basic] 탭에서는 디스코드 서버에 표시할 통계 항목을 선택할 수 있습니다. 'Basic counters'의 [Select a kind]를 클릭하여 디스코드 서버에 표시할 항목을 선택하세요. 이때 최대 8개 항목을 표시할 수 있고 같은 항목을 중복 표시할 수는 없습니다.

TIP ✦
[Social], [NFT], [Cryto] 관련 항목은 유료로 이용할 수 있습니다.

❶ **Bots**: 서버에 입장한 봇의 수가 표시됩니다.

❷ **Humans**: 봇을 제외한 멤버의 수가 표시됩니다.

❸ **Peak Online**: 가장 많이 동시 접속한 멤버의 수가 표시됩니다.

❹ **Online Members**: 현재 접속 중인 멤버의 수가 표시됩니다.

❺ **Text Channels**: 생성된 텍스트 채널의 수가 표시됩니다.

❻ **Total Channels**: 생성된 모든 채널의 수가 표시됩니다.

❼ **Total Members**: 봇을 포함하여 서버에 입장한 모든 멤버의 수가 표시됩니다.

❽ **Total Roles**: 생성된 모든 롤의 수가 표시됩니다.

❾ **Voice Channels**: 생성된 음성 채널의 수가 표시됩니다.

3 'Roles counters'에서 [Select a role]을 클릭하면 디스코드 서버에 표시할 역할을 선택할 수 있습니다.

4 설정을 완료한 후 각 항목의 [Save]를 클릭하세요. 디스코드 서버로 이동하면 통계 항목이 표시된 것을 확인할 수 있습니다.

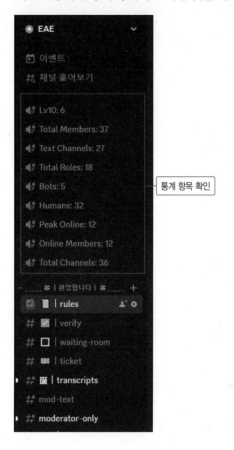

통계 항목 확인

디스코드 커뮤니티 빌드업 기초 지식 익히기

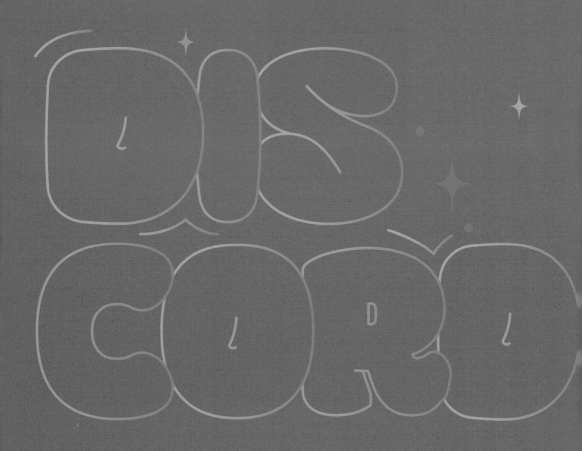

전 세계적으로 10억 명이 넘는 이용자가 디스코드에서 활동 중이고 많은 분야의 커뮤니티가 다양하게 운영되고 있습니다. 특히 게임 영역과 함께 NFT, 메타버스, AI 등 4차산업과 관련된 분야의 커뮤니티가 가장 활발하게 운영되고 있어요. 이제까지 없었던 분야가 갑자기 생겨난 느낌이 들겠지만, 사실 Web 2.0에서 진행되던 사업을 Web 3.0으로 확장하고 미래의 메타버스 경제 시스템에 합류하기 위해 디스코드 커뮤니티를 활용하는 경우도 많습니다. 실제로 디스코드의 공개 서버를 살펴보면 애플이나 삼성, LG, 구찌, NARS 등 대기업이나 대형 브랜드의 디스코드 서버도 쉽게 찾아볼 수 있습니다. 그러므로 미래 산업에 대한 기대를 가지고 있는 사업자나 브랜드, 또는 개인은 디스코드 커뮤니티에 대한 기초 지식을 가지고 있으면 도움이 될 것입니다.

넷째마당에서는 디스코드의 특징에 맞는 커뮤니티 신규 유입 및 활성화 방안과 함께 모더레이터(Moderator), 커뮤니티 관리자, 봇(Bot) 개발자, 서버 제작자 등 디스코드로 인해 생긴 새로운 직업에 대해 알아보겠습니다.

디스코드 커뮤니티의 특징

디스코드 커뮤니티는 멤버에게 정보를 제공하고, 소통하며, 여러 가지 다양한 활동을 진행할 수 있다는 장점이 있어요. 하지만 우리가 온라인에서 오랫동안 익숙했던 개방형 커뮤니티와 다르게 폐쇄적으로 운영되고 있습니다. 언뜻 생각하면 이것을 부정적이라고 생각할 수 있지만, 한정된 멤버에게 소속감을 부여할 수도 있고 특정 다수를 대상으로 한 마케팅이나 서비스를 제공할 수 있다는 의미이기도 합니다. 일반적으로 구글이나 네이버 검색을 통해 원하는 커뮤니티를 찾아 들어갈 수 있지만, 디스코드 커뮤니티는 구글이나 네이버 검색뿐만 아니라 디스코드 안의 공개 서버에서도 찾을 수 없는 경우가 많아요. 커뮤니티의 규모가 어느 정도 있으면 공개 서버로 등록할 수 있습니다. 하지만 실제로는 커뮤니티의 규모가 충족할 만큼 커도 공개 서버에 등록하지 않는 커뮤니티도 많으므로 신규 유입 및 활성화를 위한 방안을 다각도로 준비해야합니다.

001

커뮤니티의 신규 유입 방안

이제까지 다른 플랫폼에서 온라인 커뮤니티를 운영해 본 사람이라면 신규 멤버를 유입시키기 위한 다양한 마케팅을 진행해 보았을 것입니다. 디스코드 커뮤니티도 다양한 방법을 통해 부지런히 커뮤니티를 홍보하고 노출해야 합니다. 하지만 폐쇄적이고 불특정 다수의 검색으로 직접 노출이 어려운 디스코드의 특성상 커뮤니티의 기존 멤버나 다른 플랫폼에서 활동하는 멤버를 통해 간접적인 노출을 할 수 밖에 없습니다. 이번에는 필자가 디스코드 커뮤니티의 멤버나 관리자로 활동하면서 진행한 초대 이벤트와 외부 플랫폼 노출 방법 및 신규 대상 이벤트에 대해 알아보겠습니다.

🎮 Discord × 초대 이벤트 기획하기

초대 이벤트는 초대 링크를 생성하여 서버에 신규 멤버를 초대하거나 서버에서 진행되는 행사에 신규 멤버를 초대하여 초대 수나 활동 조건에 따라 보상을 받을 수 있는 이벤트로, 단기간에 많은 수의 멤버를 유입시킬 수 있는 가장 효과적인 방법입니다. 기존 멤버 수가 많은 편이라면 1명씩만 초대하도록 해도 큰 효과를 볼 수 있습니다. 반대로 멤버 수가 적다면 이벤트 상품이나 혜택을 제공해 멤버들이 혜택을 받기 위해 스스로 활동하도록 유도해야 합니다. 그리고 초대한 멤버와 초대받은 멤버 모두에게 혜택을 제공한다면 더욱 활발하게 이벤트에 참여할 것입니다.

하지만 초대 이벤트를 기획하는 단계에서 가장 중요한 점은, 이벤트를 통해 유입된 신규 멤버가 혜택을 받고 즉시 이탈하지 않도록 커뮤니티에 머물면서 활발하게 활동할 수 있는 설계가 필요합니다. 단순히 초대로 늘어나는 인원 수에만 신경을 쓰면 이벤트 종료 후에는 유입되었던 신규 멤버의 상당수가 이탈하는 부작용을 겪을 수 있어요. 물론 마케팅 비용 전부를 의미 있게 사용할 수는 없지만, 초대 이벤트를 통해 커뮤니티 자체를 노출할 수 있다는 것만으로도 의미 있는 활동이 될 것입니다. 신규 멤버가 이탈하지 않도록 커뮤니티에 입장했을 때 연계할 수 있는 이벤트까지 준비한다면 마케팅 비용을 좀 더 의미 있게 사용할 수 있겠죠?

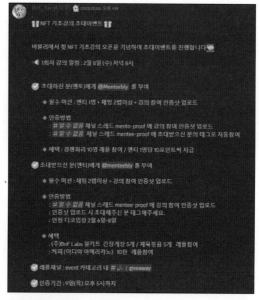

TIP ✦
예시 이미지에서는 이벤트가 종료된 후 채널을 삭제하여 채널 이름이 '#알 수 없음'으로 표시되었습니다.

초대 이벤트 예시

커뮤니티에서 진행하는 강의 프로그램 콘텐츠로 신규 멤버를 초대하는 이벤트 예시를 살펴보겠습니다. 신규 멤버에게 미션을 제시하여 커뮤니티에서 활동하도록 설계되어 있고 기존 멤버가 신규 멤버 초대, 채팅 최소 2레벨 달성, 강의 참여 및 인증샷 업로드를 모두 완료하면 '@mentorbly'라는 역할을 부여받게 됩니다. 그리고 신규 멤버는 채팅 최소 2레벨 달성, 강의 참여 및 인증샷 업로드를 완료하면 '@menteebly'라는 역할을 부여받게 됩니다. 이후 '@mentorbly'

와 '@menteebly'의 역할을 부여받은 멤버에게 정해진 보상을 지급합니다. 이 이벤트를 진행하기 위해서는 우선 '@mentorbly'와 '@menteebly' 역할을 생성하고 강의 진행 채널과 인증샷을 업로드할 채널을 생성해야 합니다. 그리고 생성한 역할이나 채널을 공지 사항에 함께 작성하여 멤버들이 이벤트에 쉽게 참여할 수 있도록 준비한 상태에서 공지 사항을 업로드합니다. 또한 모든 멤버가 디스코드 기능을 다 아는 것은 아니므로 친구 초대 링크 생성 방법을 함께 작성해 주는 것도 좋습니다.

TIP ✦
초대 링크 생성에 대한 자세한 내용은 107쪽을 참고하세요.

초대 이벤트를 진행할 때 혜택만 받기 위해 다계정을 사용하거나 악의를 품고 봇을 활용해 공격할 수 있다는 것에 유의해야 합니다. 초대 이벤트의 특성상 최대한 많은 인원을 초대해야 하므로 개인이 여러 계정을 만들어 참여하거나 봇을 이용해 유령 계정으로 초대 수를 늘리는 경우가 발생할 수 있어요. 이 경우 실제로 열심히 활동한 멤버가 피해를 볼 수 있으므로 커뮤니티는 부정 행위로 이벤트에 참여하는 멤버를 철저하게 관리해야 합니다.

초대 이벤트로 유입된 신규 멤버를 대상으로 하는 이벤트는 커뮤니티의 목적에 따라 이벤트 내용이 달라집니다. 필자가 진행한 NFT(Non-Fungible Token, 대체 불가능한 토큰) 프로젝트는 단기간에 많은 멤버를 유입시켜야 했으므로 고가의 이벤트 상품과 혜택을 제공했습니다. 그 결과, 한 달도 안 되는 기간 동안 1만 명이 넘는 멤버를 모을 수 있었습니다. 이렇게 유입된 신규 멤버는 대부분 이벤트에 당첨되는 것이 목적이었지만, 해당 프로젝트는 확실히 노출할 수 있었던 사례입니다. 하지만 이와 반대로 꾸준히 유입 인원을 늘리면서 커뮤니티를 확장해야 한다면 주기적으로 초대 이벤트와 혜택을 제시하여 이벤트를 진행해야 합니다.

트위터 포스팅

디스코드 서버는 네이버나 구글 같은 포털 사이트로 노출되지 않으므로 직접 외부 플랫폼에 노출할 수 있는 방법을 마련해야 합니다. 우선 커뮤니티의 주요 타깃 성향에 따라 어떤 플랫폼에 노출하는 것이 효과적일지 고민한 후 해당 플랫폼의 계정으로 이벤트 게시물을 업로드하거나 주요 타깃 또는 이벤트를 게시할 플랫폼의 인플루언서와 협력하여 이벤트를 홍보하는 것이 좋습니다. 이 밖에도 기존 커뮤니티 멤버를 상대로 이벤트를 노출한 플랫폼에 공유 미션을 진행하는 방법으로 초대 이벤트를 노출할 수 있어요. 예를 들어, 필자가 진행한 'Bubbly & Friends NFT 프로젝트'의 경우 주요 타깃이 많이 활동하는 트위터의 계정을 생성하여 디스코드 서버에서 진행하는 이벤트를 트위터에 노출하거나, 디스코드 서버의 멤버들이 자신의 트위터에 이벤트 게시물을 리트윗하는 방법으로 이벤트를 노출했습니다.

트위터 계정 예시

트위터 공유 이벤트 예시

디스코드에 있는 다른 서버와 파트너십을 맺고 함께 이벤트를 진행할 수 있습니다. 이 방법을 이용하면 서로의 서버를 홍보하면서 신규 멤버를 유입시킬 수 있습니다. 그리고 파트너십을 맺은 각각의 커뮤니티에 이벤트를 공지하므로 서로 다른 서버의 멤버가 상대 커뮤니티 서버에 관심을 가질 수도 있고 신규 멤버를 유입시킬 수도 있어서 매우 효율적입니다. 파트너십을 통해 이벤트를 진행할 경우 서로의 커뮤니티 서버에서 제공하는 혜택에 큰 차이가 없어야 합니다. 이렇게 진행하면 이후 자신의 커뮤니티 서버를 노출할 수 있는 다른 채널을 확보하는 좋은 수단이 되기도 합니다.

파트너십 맺기 예시

NFT 커뮤니티 운영자 중 하나인 'Honey Rat'은 자신의 프로필에 링크를 삽입하는 방법만으로 커뮤니티를 홍보했습니다. 동시에 해당 링크로 유입된 멤버가 연결된 채널을 캡처하여 인증할 경우 다른 멤버와 구분되는 역할을 부여했습니다. 그리고 역할을 부여받은 멤버가 좀 더 높은 소속감을 느낄 수 있도록 이후 해당 역할에게 추가 혜택을 제공했죠. 단순히 프로필에 링크를 삽입한 상태에서 커뮤니티 서버를 돌아다니는 것만으로도 Honey Rat의 서버는 자연스럽게 홍보되었고 신규 멤버를 늘릴 수 있었습니다. 이렇게 Honey Rat의 전략이 좋은 효과를 얻자 다른 커뮤니티 멤버도 같은 방식으로 이벤트를 진행하는 경우가 많았습니다.

Honey Rat 프로필

002 커뮤니티의 활성화 방안

커뮤니티의 경우 신규 멤버 유입과 활성화는 동시에 진행해야 합니다. 신규 유입된 멤버가 활발하게 참여할 수 있는 이벤트가 없다면 유입과 동시에 이탈할 수 있기 때문이죠. 반대로 활발하게 참여할 수 있는 이벤트가 마련되었어도 참여하는 멤버가 없다면 커뮤니티는 금방 무너질 것입니다. 이번에는 커뮤니티 활성화를 위한 다양한 이벤트와 체계적인 관리 방법 및 모더레이터의 역할 등에 대해 알아보겠습니다.

디스코드에는 소통을 위한 다양한 기능이 마련되어 있으므로 커뮤니티 활성화를 위해 디스코드의 기능을 적극적으로 활용해 멤버가 참여할 수 있는 활동을 서버 곳곳에 배치해 두는 것이 좋습니다. 예를 들어, 아주 간단한 이모지 누르기부터 채팅 레벨 올리기, 초대 수 늘리기, 특정 채널에서 콘셉트에 맞는 내용으로 활동하기, 운영진이 올리는 공지 내용이나 이벤트 내용을 외부 플랫폼에 공유하기, 운영진이 진행하는 이벤트나 게임에 참여하기 등 다양한 활동을 기획할 수 있습니다. 멤버가 참여할 수 있는 활동이 많을수록 커뮤니티에 체류하는 시간이 늘어나고 커뮤니티에 대한 애정이 커져서 충성 멤버의 수를 효율적으로 늘릴 수 있습니다.

이모지 누르기 이벤트는 공지 사항이나 게시물에 있는 이모지를 클릭하게 한 후 이모지 누르기에 참여한 멤버에게 포인트를 지급하거나 혜택을 제공하는 방법입니다. 이모지를 클릭한 멤버는 공지 사항이나 게시물의 이미지에서 마우스 오른쪽 버튼을 클릭하고 [반응 보기]를 선택하여 결과를 확인할 수 있습니다.

채팅 레벨 올리기, 초대 수 늘리기는 MEE6 봇을 활용해야 합니다. 채팅 레벨과 초대 수를 확인할 수 있게 해 두고 일정 수준을 달성한 멤버에게 포인트를 지급하거나 혜택을 제공하는 방법이죠.

TIP
채팅 레벨 설정은 229쪽을, 초대 수 설정에 대한 자세한 내용은 237쪽을 참고하세요.

Discord × 소통 주제 제시하기

이벤트나 활동 외에 멤버끼리 소통할 수 있는 주제를 끊임없이 제공하는 것도 커뮤니티를 활성화하는 데 많은 도움이 됩니다.

다음은 서버의 'idea-note'라는 포럼 채널을 생성해 멤버 스스로 좋은 아이디어를 제시할 수 있도록 주제를 제공한 사례입니다. 이렇게 멤버가 활발하게 활동할 수 있는 특정 주제의 채널을 생성했으면 해당 채널을 활성화할 수 있도록 적절한 보상을 제공해야 합니다.

커뮤니티 관리하기

커뮤니티 안에서 다양한 활동이 동시에 발생하고 있을 때 각각의 활동을 체계적으로 관리해야 멤버가 혼란스럽지 않고 초기 기획대로 활발하게 활동이 운영됩니다. 우선 커뮤니티의 역할을 설정하고, 채널 권한을 관리하며, 진행중이거나 진행 예정인 활동에 대한 정보를 적극적으로 공유해야 합니다.

다음은 'Bubbly & Friends'라는 NFT 프로젝트 커뮤니티 서버의 관리 예시입니다. NFT 프로젝트의 NFT를 소유하고 있는 멤버를 '홀더'라고 하는데, 이 홀더에게 'Bubbly Holder'라는 역할을 부여했습니다. 그리고 'holderchat', 'holder-giveaway'와 같은 홀더 전용 채널을 따로 생성하여 해당 채널에는 Bubbly Holder 역할이 있는 멤버만 참여할 수 있게 했어요. holderchat 채널에서는 Bubbly Holder 역할이 부여된 멤버들끼리 대화를 나눌 수 있고, holder-giveaway 채널에서는 Bubbly Holder 역할이 부여된 멤버만을 위한 이벤트를 진행했습니다. 이렇게 미리 역할과 채널을 설정하면 특정 역할 전용 공지를 할 수 있고, 이벤트와 활동을 진행하는 데 편리합니다.

또한 특정 역할의 멤버 사이의 관계 형성이나 소속감과 결속력을 높이는 데도 도움이 됩니다. 이 사례에서 홀더 인증에 'Vulcan'이라는 봇을 활용해 Holder-verify 채널에서 인증할 수 있도록 준비했습니다. 홀더가 특정 채널에 인증을 진행하면 자동으로 'bubbly holder'라는 역할이 부여되도록 했어요.

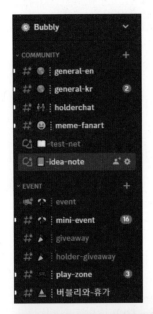

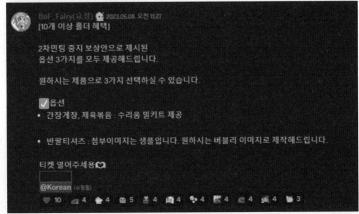

또한 한국인을 대상으로 'Korean'이라는 역할을 설정한 경우 '@Korean' 라는 멘션으로 한국인에게만 알람을 전달할 수도 있습니다.

커뮤니티를 관리할 때는 관리자를 포함한 매니저나 모더레이터의 역할이 중요합니다. 커뮤니티 관리자는 자신의 커뮤니티에서 진행 중인 모든 활동과 해당 활동의 목표, 진행 과정, 진행 방법을 숙지하고 있어야 합니다. 그리고 커뮤니티에 속한 멤버가 활동 목표에 맞춰 활동할 수 있도록 채팅이나 공지를 적극적으로 활용해 진행 중이거나 진행 예정인 활동에 관한 내용을 자세하게 설명할 수 있어야 합니다. 예를 들어, 공지 사항을 업로드하기 전에 공지 내용을 미리 숙지하고 공지를 업로드한 후 관련 공지를 확인할 수 있도록 커뮤니티의 분위기를 형성하는 것입니다. 또는 채팅방에 공지 게시물 링크를 공유하여 멤버가 공지 사항이 업로드된 채널로 곧바로 이동해서 필요한 내용을 확인할 수 있도록 조치해야 합니다. 이 밖에도 예정된 이벤트에 대한 참여 방법이나 절차를 안내하고 낙오되는 멤버가 없도록 문의 사항에 답변할 수 있게 준비하는 것이 중요합니다.

TIP ✦
모더레이터에 대한 자세한 내용은 259쪽을 참고하세요.

003

대형 디스코드 커뮤니티

디스코드 서버를 활용한 커뮤니티는 아직까지 게임, 크립토(Crypto) 시장, AI 등 신산업 분야의 커뮤니티가 많이 활성화되어 있습니다. 하지만 음악이나 미술, 콘텐츠 산업, 교육 등의 분야에서도 두각을 나타내는 커뮤니티가 있고 글로벌 커뮤니티로 성장한 곳들은 멤버 수가 아주 많습니다. 디스코드의 대형 커뮤니티 서버를 통해 커뮤니티 서버 운영에 유용한 아이디어를 얻어보세요.

Discord × Midjourney

이미지 생성 AI인 Midjourney 커뮤니티로 멤버들이 이미지를 생성하려면 디스코드에 입장해야 합니다. 그리고 서버에서 공지와 피드백을 주고받는 등 커뮤니티 활동을 통해 Midjourney의 성장을 이끌고 있습니다. Midjourney의 사용과 홍보를 위한 채널을 따로 이용하는 대신, 디스코드 서버에서 Midjourney를 이용할 수 있도록 지원해서 멤버들을 한곳에 모을 수 있었습니다.

Discord × Genshin Impact Official

Genshin Impact Official은 호요버스(HoYoverse)가 제작한 게임, '원신'의 커뮤니티입니다. 여기에서는 '원신'을 즐기는 멤버들이 서버에서 함께 즐길 플레이어를 찾아 팀을 이룰 수 있습니다. 이 게임은 인기가 매우 많아서 서버 멤버는 100만 명, 활성 멤버 수는 30만 명에 달합니다. Genshin Impact Official의 공식 커뮤니티 서버가 활성화되자 비공식적인 원신 커뮤니티 서버도 많이 생겼습니다. 그래서 디스코드 서버 찾기에서 검색하면 860여 개의 원신 커뮤니티 서버가 검색됩니다.

🎮 Discord × Lofi Girl

Lofi Girl은 로파이 힙합(Lo-Fi hiphop)과 칠웨이브(Chillwave)를 스트리밍하는 유튜브 채널이자, 뮤직 레이블인 Lofi Girl의 커뮤니티 서버입니다. 음악 콘텐츠가 중심인 서버이지만, 아트와 자동차, 음식, 게임, 영화, 반려동물, 사진, 스포츠 등 다양한 주제의 채널을 열어두고 멤버들이 소통할 수 있게 하고 있어요. 그리고 채팅 레벨이 올라갈수록 참여할 수 있는 채널이 점차적으로 더 많이 오픈됩니다. 또한 간단한 게임을 멤버들끼리 즐길 수도 있고, 로파이걸에 대한 토론도 할 수 있으며, 음성 채널을 통해 함께 음악을 듣거나 노래를 부르는 등의 활동도 할 수 있습니다.

\textcircled{•} Discord × MrBeast, MrBeast Gaming

MrBeast와 MrBeast Gaming은 전 세계 유튜브 구독자 1위로 1.62억 명의 구독자를 보유한 선한 영향력의 유튜버 MrBeast 커뮤니티 서버로, MrBeast 서버와 MrBeast Gaming 서버를 따로 운영하고 있습니다. MrBeast 서버는 단순 소통 채널이지만, 유튜브로서의 MrBeast가 가진 영향력이 매우 커서 서버 멤버도 단기간에 급증했습니다.

\textcircled{•} Discord × English

English는 글로벌 영어 공부 서버로, 원어민과 대화하면서 영어 실력을 향상시키는 데 도움이 되는 서버입니다. 멤버들끼리 영어로 대화하는 채널도 있고 영어 공부를 위해 질문을 하거나 영어 연습을 할 수 있는 채널도 있습니다.

국내 디스코드 커뮤니티 인터뷰

국내 디스코드 커뮤니티 서버는 게임 관련 또는 친목을 위한 작은 서버들이 많지만, 멤버가 많이 모여있는 서버는 대부분 NFT 관련 서버입니다. 여기에서는 국내에서 시작해서 글로벌한 대형 커뮤니티로 성장한 서버로 Web 2.0과 Web 3.0을 연결하는 커뮤니티 서버 운영팀의 인터뷰 내용을 소개합니다. 이번에는 국내 서버 중 활발하게 활동중인 커뮤니티 관리자의 인터뷰 내용을 통해 디스코드 커뮤니티 운영에 대한 현황과 노하우를 알아보겠습니다.

🎮 Discord × SearchFi

SearchFi는 국내에서 시작된 가장 큰 NFT 정보 공유 커뮤니티 서버입니다. 현재 해외 멤버의 비중이 87% 정도로, 해외에서 더 유명합니다. 멤버들의 가상 자산 규모가 70억 원에 달하는데, 앞으로 블록체인과 관련된 다양한 비지니스를 진행할 계획이라고 합니다.

1. SearchFi는 어떤 커뮤니티인가요?

SearchFi는 프로젝트 탐색(search)과 조사(research)를 바탕으로 블록체인 생태계를 확장하는 것이 목표인 'DAO'입니다. 국내는 물론 해외의 유망한 프로젝트들을 선별하여 리서치와 마케팅뿐만 아니라 더 나아가 국내 최고의 DAO를 목표로 하고 있습니다. 그리고 국내 최고의 Influencer & Researcher들과 함께하여 퀄리티 높은 콘텐츠와 ALPHA 자료를 선별합니다.

2. 커뮤니티를 운영할 때 어떠한 점에 가장 중점을 두고 있나요?

어떤 목적을 두고 활동하는 것이 아닌, 말 그대로 하나의 커뮤니티가 되어 서로 정보를 제공 및 공유하며 Web 3.0에서 떠도는 정보 중에서 멤버들이 자발적으로 이곳에서 배우고 알려주는 커뮤니티를 만드는 것에 중점을 두고 있습니다. 하나의 DAO 형태로 SearchFi의 주인은 커뮤니티 멤버들입니다. 모든 운영 정책을 고려할 때 SearchFi의 입장이 아닌 멤버들 입장에서 한 번 더 고려했는데, 그것이 바로 지금까지 성장할 수 있었던 원동력이라고 생각합니다. 초기에는 사람들을 끌어들이기 위해서 화이트리스트 경품 추첨을 진행하면서 인기몰이를 했어요. 사람들의 당시 목적은 경품에 있었지만, 현재 커뮤니티 분위기를 보면 SearchFi가 정겨워서, SearchFi가 포근해서, 그냥 쉬어가는 하나의 공간처럼 자유롭게 일상을 공유하는 그런 가족 같은 커뮤니티입니다. 지금도, 앞으로도 SearchFi는 커뮤니티 멤버들을 중심으로 성장할 계획입니다.

3. 디스코드 서버가 다른 플랫폼에 비해 커뮤니티 운영에 도움이 되었나요?

예, 굉장히 많은 도움이 되었습니다. NFT 알파그룹 특성상 디스코드는 매우 유용했습니다. 텔레그램에는 없는 다양한 기능을 디스코드 서버에서 이용할 수 있었고, 디스코드에서는 자체 개발한 봇을 추가할 수 있어서 커뮤니티의 성격에 맞는 봇들을 맞춤 제작할 수 있었어요. 예를 들어, 실시간 NFT 가격, Chat to Earn, 레벨 시스템 등 SearchFi 커뮤니티 운영을 위한 생태계를 구축할 수 있었습니다.

4. 커뮤니티 멤버들과 소통할 때 가장 유용하게 이용한 서버의 기능은 무엇인가요?

음성 채널을 통해 주로 교육이나 일상 이야기를 하면서 24시간 내내 Web 3.0에서 활동을 못해도 Web 3.0 소식을 들을 수 있었어요. 동시에 멤버와 사소한 이야기를 나누면서 유대감이 깊어졌다고 생각합니다.

5. 메타버스, 블록체인, NFT가 아니어도 다른 산업 분야의 커뮤니티도 디스코드 서버를 통한 마케팅이 가능하다고 생각하나요?

디스코드는 원래 개발자들이나 게이머들이 함께 즐기는 공간으로 알려져 있습니다. 하지만 디스코드가 하나의 커뮤니티로 점점 알려지게 된 계기는, 앞에서 말한 디스코드 자체 개발 봇을 도입할 수 있다는 점이 매력적이었기 때문이라고 생각합니다. 어떤 산업 분야이든지 멤버들과 소통하고 즐길 수 있는 커뮤니티로 디스코드는 꽤 좋은 플랫폼이라고 생각합니다.

Discord × Lazy Gourmet Club

레이지고메클럽(Lazy Gourmet Club)은 필자가 NFT 시장에서 오랫동안 지켜봐온 국내 NFT 프로젝트입니다. 맛집을 메인 콘텐츠로 멤버들이 커뮤니티 활동을 하고 있으며, NFT 홀더(소유자) 중심의 탄탄한 커뮤니티가 유지되고 있습니다. 오프라인 음식점 사업과 유튜브 콘텐츠 사업을 함께 진행하면서 프로젝트를 확장시키고 있어서 Web 2.0과 Web 3.0이 잘 어우러진 커뮤니티라고 할 수 있습니다. 오프라인 산업 분야에서 Web 3.0 커뮤니티를 계획하고 있다면 참고하면 좋을 프로젝트입니다.

1. 레이지고메클럽(이하 레고클)은 어떤 커뮤니티인가요?

레고클은 말 그대로 게으른 미식가들이 모인 커뮤니티입니다. 지루한 회색 빌딩숲을 떠나 맛있는 음식과 신나는 음악을 들으면서 놀러가고 싶은 자유로움을 꿈꾸는, 요즘 시대 사람들이 모인 곳이에요. 주로 숨어 있는 맛집과 예쁜 카페, 좋은 공간을 커뮤니티 멤버들끼리 서로 소개하고 추천합니다. 레고클은 게으른 미식가들을 페르소나로 '레이지 피플'이라는 캐릭터를 디자인하고 PFPNFT로 제작해 2022년 미팅을 진행했습니다. 그리고 2023년에는 레이지 피플 NFT를 보유한 분들과 함께 만든 비밀 맛집 지도 앱도 론칭했습니다. 앱 이름도 '레이지고메클럽'으로, 커뮤니티 멤버들이 추천하는 비밀 맛집을 확인할 수 있습니다!

TIP ✦
레이지고메클럽은 인터뷰 이후인 2023년 9월, 'NFT 정책을 철회하고 앱 중심의 활동을 펼칠 것이다'라는 공식 입장을 밝혔습니다.

2. 커뮤니티를 운영할 때 어떠한 점에 가장 중점을 두고 있나요?

커뮤니티 주제가 '맛집'이 중심이므로 맛집과 음식 관련 정보 위주로 커뮤니티를 운영하고 있습니다. 또한 주류단, 버거단, 분식단 등 음식 취향을 주제로 한 다양한 소그룹들을 운영하면서 커뮤니티 참여 멤버들이 소속감을 가질 수 있게 디스코드 안에서 그룹을 나누어 운영하고 있습니다.

3. 디스코드 서버가 다른 플랫폼에 비해 커뮤니티 운영에 도움이 되었나요?

예, 디스코드 채널은 커뮤니티의 중요 공지나 진행 사항을 안내하기에 가장 좋은 플랫폼입니다. 그리고 투표 기능, 디스코드의 음성 채팅과 영상 공유 기능을 통해 커뮤니티 멤버들과 언제, 어디에서나 편하게 온라인으로 AMA를 진행하고, 프로젝트 진행 내용을 공유하며, 투표를 통해 의견을 종합한 후 커뮤니티 운영 방향을 함께 정할 수 있다는 점이 좋았습니다.

TIP ✦
AMA는 Ask Me Anything 의 약자로 프로젝트 개발진이나 운영진이 커뮤니티 사용자나 홀더, 투자자에게 질문을 받고 이에 대한 답변을 하는 소통 이벤트입니다.

4. 커뮤니티 멤버들과 소통할 때 가장 유용하게 이용한 서버의 기능은 무엇인가요?

디스코드 포럼 채널입니다. 커뮤니티 멤버들과 음성을 통해 실시간 대화가 가능해서 여러 의견을 청취하고 커뮤니티의 중요한 사안을 결정한 후 공지하는 데 좋았습니다.

5. 메타버스, 블록체인, NFT가 아니어도 다른 산업 분야의 커뮤니티도 디스코드 서버를 통한 마케팅이 가능하다고 생각하나요?

'다른 산업 분야'라는 카테고리가 굉장히 넓어서 확답하지는 못하겠지만, 고객 타깃층이 맞다면 충분히 가능할 것 같습니다. 예를 들어, 온라인 기반의 비즈니스인 게임뿐만 아니라 음악, 일러스트, 애니메이션, 정보 콘텐츠 관련 업계는 충분히 디스코드를 통한 마케팅이 가능할 것 같아요. 물론 이들 카테고리가 지금도 디스코드에서 활성화되어 있긴 하지만요. 뷰티와 패션 등 오프라인을 기반으로 사업이 운영되는 비즈니스나 디스코드를 어려워하는 연령층이 주요 고객인 비즈니스인 경우에는 디스코드의 접근성과 노출 방법을 충분히 고민하여 다양하게 시도한다면 도움이 될 것 같습니다.

새로운 직업의 탄생
with 디스코드

새로운 플랫폼이 생기면 해당 플랫폼을 활용한 여러 가지 새로운
직업이 나타나는 것은 어쩌면 당연한 일입니다. 디스코드
도 단순 메신저에서 서버를 활용한 커뮤니티가 활성화
되기 시작하면서 모더레이터, 커뮤니티 매니저, 봇 개
발자, 디스코드 서버 토탈 관리 서비스 등의 직업이
새로 생겼습니다. 이번에는 이들 각 직업에 대한 내
용을 살펴보겠습니다.

001

디스코드 커뮤니티 모더레이터

디스코드에는 커뮤니티를 운영하는 운영진과 운영진을 도와 커뮤니티 관리를 돕는 조력자가 있습니다. 모더레이터는 커뮤니티 운영을 돕는 조력자 역할을 수행하는 사람으로, '헤드 모더레이터(Head–Moderator)'와 '일반 모더레이터(Moderator)'로 나뉘어집니다. 이 중에서 헤드 모더레이터는 모더레이터를 관리하는 역할을 합니다. 이번에는 커뮤니티에 따라 모더레이터의 역할과 권한이 조금씩 다를 수 있지만, 몇 가지 역할을 살펴보겠습니다.

🎮 Discord × 멤버와 소통하기

모더레이터의 가장 기본적인 임무는 채팅 채널에 상주하면서 멤버와 소통하는 것입니다. 이 밖에도 신규 멤버를 안내하거나 채팅 중 멤버의 문의 사항에 답변하는 등의 업무를 수행합니다. 또한 멤버 간의 문제가 발생했을 때 중재자의 역할도 수행하죠. 24시간 운영되는 온라인 커뮤니티의 특성상 모더레이터와 멤버 사이에는 밀접한 관계가 형성되어야 합니다. 커뮤니티 서버의 주제와 관련된 이야기를 하거나 문의에 답변하는 것이 주요 업무이지만, 다른 멤버들과 함께 일상을 공유하면서 친분을 쌓고 그로 인해 소속감을 느끼기도 합니다. 이때도 모더레이터는 멤버들과 친밀감을 형성하고 커뮤니티에 대한 관심을 유지하면서 멤버들이 이탈하지 않도록 하는 것이 중요합니다.

모더레이터 소통 예시

채널 공지 예시

각 채널을 모더레이터가 전담해서 관리한다면 채널마다 별도의 공지를 업로드해야 합니다. 이때 책임지고 있는 채널에서 진행되는 활동의 일정이나 참여 방법까지 직접 정리하는 것도 모더레이터의 역할입니다. 또한 커뮤니티의 방향성과 운영에 필요한 내용을 숙지한 후 멤버들을 가이드하여 운영진이 의도하는 방향으로 멤버들이 움직일 수 있도록 분위기를 조성하기도 합니다.

모더레이터 활동 예시

예를 들어, 채팅 채널에서 자연스럽게 대화하는 도중에 공지 사항이 게시된다면 관련 사항을 안내하거나 진행 중인 이벤트에 참여하도록 독려하고 커뮤니티의 아이템(NFT, 화장품, 음식 등)과 관련된 대화를 나누도록 유도하는 등의 역할을 할 수 있습니다.

🎮 Discord × 멤버의 불편 사항 및 문의 사항 해결하기

모더레이터는 멤버들과 실시간으로 소통하면서 불편 사항이나 문의 사항을 직접 해결해 주거나, 멤버가 티켓을 열고 접수한 문의 내용에 답변할 수 있습니다. 간혹 멤버 간에 불편한 문제가 생길 수 있는데, 이런 문의를 받았을 경우 모더레이터는 우선 본인의 판단에 따라 문제를 일으키는 멤버에게 따로 경고하고 관리자에게 이 사실을 알려야 합니다. 이후에도 문제가 지속된다면 관리자 차원에서 경고나 추방 등의 조치를 할 수 있습니다. 문의 사항은 알고 있는 내용에 대해서는 즉시 답변하고, 그렇지 않은 경우에는 헤드 모더레이터에게 멘션하거나 따로 물어보고 답변을 받아 전달할 수 있어요. 모더레이터는 서비스직이므로 멤버에게 항상 친절해야 합니다. 그리고 멤버 간에 문제가 발생한 경우에는 중립을 유지하면서 커뮤니티에 해가 되는 행동에 대해서만 조치를 취해야 합니다.

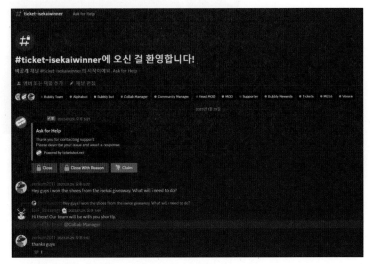

티켓 대응 예시

🎮 Discord × 보수 및 지원 준비 사항 알아보기

국내 디스코드 모더레이터의 보수는 커뮤니티마다 20만 원에서 100만 원까지 업무 시간 및 맡은 업무에 따라 천차만별입니다. 대부분 프리랜서로 계약하여 진행하고 재택근무이므로 2개 이상의 커뮤니티에서 모더레이터 활동을 하는 사람들이 많습니다. 또한 온라인 근무의 특성에 따라 시간을 어느 정도 자유롭게 활용할 수 있어서 대학생 아르바이트뿐만 아니라 직장인이나 가정주부가 부업으로 활동하는 사람들도 많아요.

디스코드 모더레이터로 일하려면 기본적인 서비스 마인드가 필요합니다. 디스코드의 전반적인 기능을 다룰 수 있어야 하고 커뮤니티 서버에서 사용하고 있는 봇의 기능까지 숙지하고 있는 것이 좋습니다. 또한 커뮤니티에 따라 다르지만, 간혹 모더레이터의 개인 역량을 요구하는 곳이 있습니다. 멤버들이 더 재미있게 게임을 진행할 수 있는 사람, 디스코드의 고급 기능까지 알고 있는 사람, 외부에 우리 커뮤니티를 잘 알릴 수 있는 사람, 멤버 응대 또는 문제 상황에 잘 대처하는 사람 등 개인 역량에 따른 업무를 분배받아 활동할 수도 있습니다. 그렇기 때문에 모더레이터를 준비하고 있는 사람이라면 본인이 맡고 싶은 업무 역량을 미리 준비하여 어필하는 것이 중요합니다.

초기 디스코드 커뮤니티 서버에서는 커뮤니티 활동을 열심히 하고 커뮤니티를 잘 알고 있는 멤버들 중에서 모더레이터를 구하는 경우가 많았습니다. 이후 마케팅 업체가 서버를 맡아서 운영하는 경우에는 마케팅 업체에서, 회사에서 직접 디스코드 서버를 운영하는 경우에는 회사에서 모더레이터를 직접 고용하는 추세입니다. 최근에는 구인구직 사이트에서 모더레이터를 구하는 글이 보이지만, 아직까지는 디스코드 안에서 소개를 받거나 커뮤니티에서 지원을 받는 경우가 더 많습니다.

디스코드 커뮤니티 매니저

디스코드 커뮤니티 매니저는 기본적으로 서버 기능에 대한 지식을 가지고 있으므로 서버를 세팅해서 오픈하거나 운영을 책임지기도 합니다. 앞에서 설명한 커뮤니티 모더레이터는 멤버와 가장 가까운 곳에서 호흡하면서 커뮤니티를 관리하는 역할을 담당한다면 커뮤니티 매니저는 커뮤니티와 관련된 모든 것을 기획하고, 모더레이터에게 업무를 분배하며, 유기적인 커뮤니티가 되도록 뒤에서 조율하는 역할을 담당합니다. 이번에는 필자의 경험을 바탕으로 커뮤니티 매니저의 업무에 대해 알아보겠습니다.

🎮 Discord ✕ 디스코드 서버 오픈 및 운영하기

팀이나 기업에서 기존 인력으로 디스코드 커뮤니티를 운영할 수 없을 경우 전문 인력을 따로 고용하여 진행하는 경우가 있습니다. 디스코드의 기능을 잘 알고 커뮤니티를 운영해 본 경험이 있다면 해당 업무를 통해 수익을 창출할 수 있는데, 업무의 규모에 따라 혼자서도 가능하고 팀으로도 가능합니다.

디스코드 관련 대행 서비스(**출처**: 크몽 홈페이지)

마케팅팀이나 업체에서 마케팅의 한 방법으로 디스코드 서버를 열고 멤버를 모아 운영하는 방식도 있고, 개인이 서버 오픈 및 기본 기능 설정까지 해 주는 방식도 있습니다. 아직까지 디스코드 커뮤니티 전문가는 부족한 상황이므로 기능이나 봇 이용법 등에 대해 알고 있다면 디스코드 커뮤니티 매니저에 도전해 봐도 좋습니다. 프리랜서 마켓인 크몽(https://kmong.com)에서 '디스코드 관리'를 검색하면 '디스코드 서버 제작'과 관련된 다양한 상품을 찾아볼 수 있습니다. 커뮤니티 운영은 사실 혼자서 하기 힘듭니다. 그래서 서버를 오픈한 후 원활하게 운영하기 위해 기존 팀과 함께 일을 하는 경우도 있습니다.

디스코드와 관련된 업무는 표준 시세가 정해져 있지 않고 업무 범위에 따라 다양하게 보수가 설정되어 있습니다. 서버 세팅 및 운영 대행을 할 경우에는 20만 원에서 200만 원까지, 커뮤니티 매니저만 맡을 경우에는 150만 원 이상, 팀으로 서버를 운영할 경우에는 팀원의 보수까지 책정받게 됩니다.

Discord x 디스코드 구성 및 관리하기

디스코드 커뮤니티 매니저는 당연히 디스코드에 대한 지식이 있어야 하고 서버의 기능을 능숙하게 다룰 줄 알아야 합니다. 그리고 커뮤니티 운영진이 원하는 방향성과 성향에 맞게 서버의 카테고리, 채널, 역할, 권한 등을 설정하고 봇은 어디 채널에서 어떻게 사용할 것인지 설정해야 합니다.

필자가 커뮤니티 매니저를 하며 느꼈던 점은, 카테고리나 채널은 다른 온라인 커뮤니티와 크게 다를 것이 없지만, 디스코드의 특성상 해킹에 대한 방어가 잘 되어야 하므로 역할별 권한 설정에 신경을 많이 써야 한다는 것입니다. 해킹 이슈는 멤버가 큰 피해를 입을 수도 있고 커뮤니티가 통째로 사라질 수도 있어서 특별히 신경 써야 합니다. 예를 들어, 모든 멤버가 보는 공지 채널에 스캠링크(SkamLink)가 올라올 경우 커뮤니티 멤버들은 공지 채널에 올라온 글이니 당연히 관리자가 업로드한 것이라고 생각하고 스캠링크를 클릭해 피해를 볼 수도 있습니다. 이러한 상황을 막기 위해 채널의 세부 권한에 대해 꼼꼼하게 체크하고, 테스트하며, 멤버들을 대상으로 스캠링크에 대한 교육을 병행하는 것이 좋습니다. 그리고 해킹으로 관리자가 변경되어 서버 전체가 바뀌거나 관리자들이 추방당하는 경우도 있으므로 주의해야 합니다. 이럴 때는 재빠르게 해킹 멤버를 추방하고 서버를 복구하기 시작해야 합니다.

🎮 Discord ╳ 커뮤니티 매니저의 주요 업무

커뮤니티 매니저는 커뮤니티 전체 업무 일정에 대한 플로(flow)를 가지고 그 일정에 따라 커뮤니티를 운영합니다. 그러므로 운영을 맡긴 협업 담당자와 원활하게 소통해 커뮤니티의 방향을 제대로 잡고 정해진 일정에 따라 커뮤니티도 함께 움직일 수 있도록 힘써야 합니다. 커뮤니티 매니저의 업무는 일반 이벤트 기획 업무나 다른 온라인 커뮤니티 운영과 크게 다르지 않습니다. 커뮤니티의 방향과 커뮤니티를 구성하는 멤버들의 성향을 고려하여 각 분기별 또는 월별, 주별 단위로 진행할 이벤트를 사전에 기획하고 진행해야 합니다. 회사 차원의 마케팅 부서에서 진행하는 이벤트가 있지만, 커뮤니티 안에서 멤버의 꾸준한 활동을 이끌어내기 위한 이벤트는 커뮤니티 매니저가 모더레이터와 함께 구성하여 커뮤니티를 더욱 활발하게 운영할 수 있습니다.

디스코드는 외부로 노출되지 않는 플랫폼이므로 이벤트 진행에 대한 홍보를 커뮤니티의 아이템에 맞는 플랫폼과 연계하여 신경 써서 진행해야 합니다. 필자의 경우 NFT 프로젝트 커뮤니티의 매니저를 맡아 NFT 관련 소통이 활발한 트위터나 텔레그램과 연계하여 이벤트를 노출했는데, 이를 통해 외부 플랫폼에서 신규 멤버가 유입되는 효과를 볼 수 있었어요.

🎮 Discord x 모더레이터 업무 분배 및 관리하기

커뮤니티 매니저는 프로젝트나 브랜드 운영팀이 요구하는 커뮤니티의 방향과 일정이 나왔으면 그 일정에 맞게 커뮤니티를 관리하는 모더레이터에게 업무를 분배하고 관리하는 역할을 해야 합니다. 각 역량에 맞게 업무를 분배하고 일정대로 진행되는지 체크한 후 커뮤니티에 문제가 있다면 언제나 보고받을 준비가 되어 있어야 합니다. 필자의 경우에는 커뮤니티 매니저를 하면서 모더레이터들과 그룹 카톡방을 열고 이슈가 있으면 언제든지 이야기하는 방식으로 소통하고 있습니다. 이렇게 항상 업무 소통을 하면서 주기적으로 전체 회의를 열면 좀 더 체계적으로 운영할 수 있어요. 또한 외부 메신저를 쓰지 않고 디스코드 서버 안에 모더레이터 채널을 따로 만들어 놓고 멤버들은 볼 수 없도록 권한 설정을 한 후 채널에서 소통하기도 합니다. 회의가 필요할 때는 음성 통화를 활용하기도 하고요. 서버 안에서는 해당 채널로 곧바로 이동할 수 있어서 이 방법이 활용도는 더 높습니다.

커뮤니티 매니저가 갖춰야 할 기본 역량 중 하나는 작문입니다. 커뮤니티 공지 사항을 직접 작성하여 업로드해야 하기 때문이죠. 매니저의 작문 성향에 따라 공지 내용이 딱딱할 수도, 재미있을 수도, 따뜻할 수도 있는데, 어떤 성향이 좋다기보다는 커뮤니티 멤버의 성향이나 공지 내용에 따라 적절한 스타일로 바꿔가면서 작성하는 것이 좋습니다. 예를 들어, 호재나 이벤트 등의 즐거운 내용을 올릴 때는 친근한 단어와 문장 스타일에 이모티콘까지 섞어서 작성할 수 있을 거예요. 그리고 약간 무거운 내용이나 경고 등의 내용을 올릴 때는 명확하고 단호하면서도 정중한 단어를 사용해 작성해야 합니다.

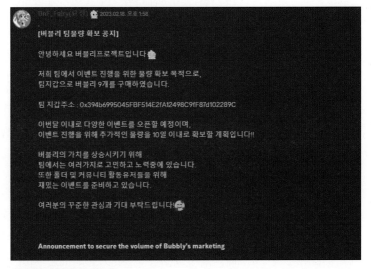

프로젝트 일정 공지 예시 ①

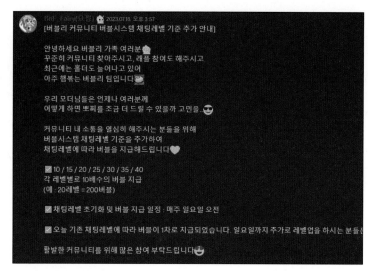

프로젝트 일정 공지 예시 ②

문제 해결 및 조율하기

온라인 커뮤니티는 서로 모르는 사람들이 모여 활동하는 공간이므로
언제든지 멤버들 간에 문제가 발생할 수도 있고 커뮤니티 운영에 대해
멤버의 불만 사항이나 건의 사항이 생길 수도 있습니다. 이러한 문제
들을 해결하려면 커뮤니티만의 규칙이나 기준을 미리 정해 놓고 커뮤
니티 매니저와 모더레이터들이 일관성 있게 대응하는 것이 좋습니다.
1차적으로 멤버와 가장 가깝게 활동하는 모더레이터가 대응하고 해결
되지 않거나 문제의 정도가 심각한 경우에는 커뮤니티 매니저가 해결
하도록 합니다. 그래도 문제가 해결되지 않는 경우에는 운영팀에 전달
하여 해결해야 합니다. 이때 가벼운 문제는 모더레이터가 직접 해결할
수 있는 권한을 주어야 문제 해결에 시간이 많이 소요되지 않고 멤버
의 만족도가 높아질 수 있어요.

필자의 경우 한 멤버가 잘못된 언어로 계속해서 멤버들과 분란을 일으킨 경우가 있었는데, 모든 단계의 관리자들이 개입해도 해결되지 않아 결국 추방하게 되었습니다. 되돌아보면 처음부터 명확한 기준으로 그 멤버를 좀 더 빠르게 내보냈어야 다른 멤버들이 피해를 보지 않고 활동할 수 있었겠다는 생각이 듭니다. 실제로 그 멤버 때문에 다른 멤버들의 불만이 더욱 고조되었기 때문입니다.

커뮤니티 매니저는 멤버 간의 문제 해결뿐만 아니라 모더레이터 간의 조율이나 모더레이터와 운영팀 간의 조율 등 커뮤니티 안에서의 모든 조율을 담당합니다. 온라인 커뮤니티는 채팅을 통해서 관계가 이루어지므로 오프라인에 비해 좀 더 예민하고 오해가 생길 여지도 많습니다. 그러므로 문제가 될 수 있는 상황에서는 커뮤니티 매니저가 빠르게 개입하여 상황을 종결할 수 있어야 하고 항상 뒤에서 조율할 준비가 되어 있어야 합니다.

003

디스코드 종사자 인터뷰

디스코드의 새로운 일자리에 도전하기 위해 우리는 기존의 종사자들의 이야기를 들어볼 필요가 있습니다. 현재 대부분의 국내 디스코드 종사자들은 NFT 관련 커뮤니티 종사들이지만, 분야를 막론하고 '디스코드'라는 플랫폼에서의 업무는 비슷할 것입니다. 서버 세팅 및 관리자, 커뮤니티 매니저, 모더레이터, 봇 개발자 등으로 활동하고 있는 종사자들의 인터뷰 내용을 함께 살펴보겠습니다.

🎮 Discord   x   **수호#8823**

**서버 세팅 및 관리, 커뮤니티 매니저,
모더레이터, 봇 개발자**

1. 디스코드 업무에 종사하며 느낀 점은 무엇인가요?

저는 아이비 베이스볼클럽, 다다즈, Art de Finance 등 여러 커뮤니티 서버를 직접 개설하여 세팅 및 관리하거나, 직접 봇을 개발하기도 했습니다. 디스코드는 관심사가 맞는 사람들과 서버를 개설하여 정보를 교환할 수 있고 커뮤니티 빌딩 측면에서 보았을 때 봇을 활용해 서버에 필요하고 원하는 서버를 구축할 수 있다는 점이 아주 큰 장점입니다. 현재까지 디스코드만큼 활용도가 높은 커뮤니티형 플랫폼은 없다고 생각합니다. 아직까지는 크립토 관련 산업에서만 디스코드를 활발하게 사용하고 있어서 다양한 분야에서 이용할 수 있도록 디스코드 팀에서 기업 홍보 활동을 전개하고 디스코드 관련 교육 프로그램도 강화해야 한다고 생각합니다. 다만 디스코드는 개방적인 플랫폼이 아니므로 신규 멤버를 유입하기 위한 다양한 방법을 고민해야 합니다.

2. 디스코드 관련 종사자에게 필요한 능력 및 마음가짐에 대해 알려주세요.

디스코드 커뮤니티가 늘어나면서 관련 종사자도 꾸준히 늘어나고 있는데, 매니저나 모더레이터로서 활동하려면 프로젝트에 대해 반드시 정확하게 이해해야 합니다. 또한 디스코드 기능을 충분히 활용할 수 있어야 하고, 맡은 서버에 세팅되어 있는 봇의 사용법을 잘 익혀야 하며, 커뮤니티에서 활동하는 멤버들과의 소통 능력도 필요하다고 생각합니다.

Discord   x   Big Rat#1111

커뮤니티 매니저, 서버 마케팅

1. 디스코드 업무에 종사하며 느낀 점은 무엇인가요?

저는 '꿀쥐'라는 NFT 정보 커뮤니티의 파운더로, 꿀쥐 커뮤니티 4만 명 달성, '파라버스'라는 프로젝트 4만 명 달성, 헬로봇 5만 명 달성 등 커뮤니티 서버의 인원 유입을 위한 마케팅 업무를 활발하게 진행하고 있습니다. 또한 커뮤니티 매니저로 서버에서 열심히 소통도 하고 있습니다. 디스코드 커뮤니티 서버는 봇이 많이 개발되어 있어서 서버 안에서 외부 정보를 쉽게 받아볼 수도 있고 실시간 소통을 하므로 고객의 피드백을 즉시 받을 수 있다는 점이 아주 큰 장점입니다. 디스코드는 아직 초기의 커뮤니티 플랫폼이어서 인스타그램이나 페이스북, 블로그 등의 기존 시장에 비해 신규 인원을 더 빨리 모을 수 있습니다. 특히 10~30대 멤버가 주를 이루고 있으므로 그 시장을 타깃으로 하는 브랜드나 프로젝트의 커뮤니티 빌드업에 적합하다고 생각합니다. 하지만 24시간 내내 실시간으로 돌아가는 곳이므로 상주 인원이 반드시 필요할 뿐만 아니라 지속적인 유지 관리 및 보수가 필수입니다. 또한 해킹과 보안 문제도 항상 신경 써야 합니다.

2. 디스코드 관련 종사자에게 필요한 능력 및 마음가짐에 대해 알려주세요.
디스코드에서 커뮤니티 매니저나 모더레이터로 본인의 일이 서비스직이라는 마음가짐으로 언제나 멤버들에게 친절해야 하고 빠르게 대응할 수 있어야 합니다.

🎮 Discord x **Cherrycoco#6468**

서버 세팅 및 관리, 커뮤니티 매니저, 모더레이터

1. 디스코드 업무에 종사하며 느낀 점은 무엇인가요?
저는 100K 이상의 멤버가 이용 중인 SearchFi의 팀원이자 커뮤니티 중심의 버블리 프로젝트의 헤드 모더레이터로 활동하고 있습니다. 또한 헬로봇 프로젝트의 헤드 모더레이터로도 활동하면서 다양한 경험을 쌓았어요. 디스코드는 다양한 채널들을 만들어서 주제별로 깔끔하게 정리할 수 있다는 점, 공지를 한눈에 확인할 수 있는 것처럼 많은 양의 정보를 쉽게 분리하여 정보를 간편하게 전달할 수 있다는 점이 아주 큰 장점이라고 생각합니다. 이 밖에도 음성 채널을 이용한 음성 채팅과 화면 공유 기능을 활용하여 좋은 정보를 여러 명과 나눌 수 있고 스터디나 이벤트를 편리하게 만들 수 있습니다.

전 세계 사람들이 디스코드를 많이 이용하므로 국내에만 치우치지 않고 모든 나라에 홍보할 수 있어서 이것을 잘 활용하면 적은 비용과 시간으로 큰 마케팅 효과를 낼 수 있다는 점도 큰 장점입니다. 또한 다른 플랫폼에 비해 불필요한 광고가 적고, 멤버들이 원하는 정보를 직접 빠르게 확인할 수 있으며, 원하는 명령어를 손쉽게 등록할 수 있어서 노출하려는 정보를 커스터마이징하여 보여지게 세팅할 수 있다는 점도 장점입니다. 하지만 한꺼번에 너무 많은 인원이 들어오거나 봇 테러를 받는 경우에는 빠르게 대처하는 데 한계가 있습니다. 게다가 혹시라도 디스코드 접속 오류가 생겼을 때는 대체할 수 있는 플랫폼이 없으므로 이에 대한 가이드라인이나 대처 방안이 필요하다는 생각이 듭니다. 아직까지는 블록체인이나 NFT쪽 커뮤니티에서 디스코드를 많이 활용하고 있습니다. 하지만 다양한 타깃층의 사람들에게 디스코드 사용법에 대해 교육한다면 빠른 일대일 문의나 새로 업데이트되는 이벤트와 소식을 더욱 효율적으로 노출할 수 있으므로 다양한 산업 분야에서 활용할 수 있을 것입니다.

2. 디스코드 관련 종사자에게 필요한 능력 및 마음가짐에 대해 알려주세요.

저는 디스코드 서버에서 영어방, 일어방, 한국방 등 다양한 나라별 사람들과 소통하고 있습니다. 실제로 디스코드는 전 세계 새로운 사람들을 만나고 대화하는 곳이므로 다양한 언어 소통이 가능하다면 모더레이터의 소통 업무를 맡기에 유리합니다. 그리고 반드시 디스코드 사용법을 익혀야 해킹 등의 보안 문제에서도 많은 도움이 됩니다. 만약 디스코드의 기능을 잘 활용할 수 있으면 고용주에게 자신의 장점을 더욱 어필할 수도 있어요. 멤버들과의 소통 부분에서는 인내심과 공감 능력이 있으면 좋습니다. 익명성이 강조되는 곳인 만큼 욕설과 비방을 목적으로 방문한 분들에게 침착하게 대응할 수 있어야 하고 다른 멤버들과의 대화에서도 많이 공감해 주면서 대화를 이끌어나가는 점이 필요합니다.

Discord × **LGC_Barista**

모더레이터

1. 디스코드 업무에 종사하며 느낀 점은 무엇인가요?

저는 레이지고메클럽(Lazy Gourmet Club) NFT 커뮤니티의 디스코드를 세팅하고 커뮤니티를 운영하고 있습니다. 디스코드는 다른 커뮤니티 플랫폼에 비해 수많은 멤버가 안정적으로 채널에 참여할 수 있다는 점이 아주 큰 장점입니다. 또한 여러 멤버들이 모였을 때 함께 참여할 수 있는 시스템도 잘 구축되어 있습니다. 대표적으로 화면 공유나 실시간 음성 채팅 기능은 사용할 때 가장 좋았습니다. 디스코드는 채팅을 넘어서 여러 멤버들의 의견을 모으고 인터넷에서 함께 다양한 활동을 즐길 수 있게 만들어주는 서비스라고 생각합니다. 좀 아쉬운 점이 있다면 가계정이나 어뷰징 멤버를 관리하는 시스템이 아직 부족하다는 것입니다. 디스코드의 커뮤니티 기능 중 역할 설정은 아주 좋은 기능입니다. 커뮤니티 안에서도 다양한 역할과 그 속에 작은 소모임들이 생깁니다. 다른 플랫폼은 멤버 1명에게 세부적인 역할을 정해주는 것이 불편하지만, 디스코드는 멤버마다 역할 기능을 통해 1명의 멤버에게 커뮤니티 안에서 어떤 모임에 소속되어 있는지, 어떤 역할을 맡고 있는지 디테일하게 설정해 줄 수 있습니다. 커뮤니티 안에서 상세한 역할이 부여될수록 멤버들이 커뮤니티 안에서 더욱 소속감을 가질 수 있다고 생각합니다.

2. 디스코드 관련 종사자에게 필요한 능력 및 마음가짐에 대해 알려주세요.

디스코드 관련 종사자가 하나의 직업군으로 자리 잡으려면 디스코드 운영 능력 하나로는 포지셔닝이 애매할 것 같아서 디스코드+α로 시너지 효과를 낼 수 있는 교육 프로그램이 필요하다고 생각합니다. 아울러 디스코드 기능 활용 능력과 함께 아무래도 커뮤니티다 보니 멤버들과 커뮤니케이션할 수 있는 능력이 필수라고 생각합니다. 요즘 MBTI에서 E 성향을 가지고 있으면 커뮤니티의 분위기 메이커 역할을 잘할 수 있을 것 같아요. 😀

서버 세팅 및 관리, 커뮤니티 매니저, 모더레이터

1. 디스코드 업무에 종사하며 느낀 점은 무엇인가요?

저는 DOKDO 커뮤니티의 헤드 모더레이터와 Lifeform 커뮤니티의 KOR 모더레이터로 활동하고 있어요. 이 밖에도 하이퍼코믹, 셀럽플레이, 팬덤스튜디오 등 여러 커뮤니티의 모더레이터로도 활동한 경험이 있습니다. 디스코드는 수많은 커뮤니티를 한 페이지 안에서 골라 들어갈 수 있고, 커뮤니티 안에서 게임이나 추첨 등 수많은 기능을 구현할 수 있다는 점, 그리고 여러 국가의 사람들과 동시에 커뮤니케이션할 수 있다는 점이 큰 장점입니다. 공지를 작성하거나 멤버가 정보를 취사 선택하는 데 적합하고 이전 정보글을 찾는 것도 다른 플랫폼에 비해서 유리한 편입니다. 게임적인 요소나 디스코드와 연동되는 추첨 봇들이 많아 이벤트를 진행하는 부분에서도 다른 플랫폼에 비해 압도적으로 장점이 많습니다. 또한 특정 역할이 있는 사람들만 대화할 수 있는 프라이빗 채널을 커뮤니티 안에서 구현할 수 있다는 점도 장점입니다. 다만 디스코드 이용법이나 기능에 대한 설명이 다른 플랫폼에 비해서 아직 부족한 편이고 개발자의 역량에 따라 자체봇 구현 정도의 차이가 큰 편입니다. 하지만 앞에서 말한 장점에 더해 상품이나 서비스에 대한 피드백을 즉시 받을 수 있는 플랫폼이 많지 않으므로 디스코드는 다양한 산업 분야에서 최소 비용으로 큰 효과를 낼 수 있고 제품 빌드에 큰 도움이 될 수 있다고 생각합니다.

2. 디스코드 관련 종사자에게 필요한 능력 및 마음가짐에 대해 알려주세요.

사람마다 모두 성향이 다르므로 남들의 기준에 맞춰서 어떠한 역량을 키우는 것보다 본인의 스타일로 커뮤니티에 맞게 녹아들면서 커뮤니티 분위기를 조성하면 해당 관리자를 중심으로 멤버들이 잘 활동할 수 있을 것입니다.

Discord x Ato_.

서버 세팅 및 관리, 커뮤니티 매니저,
모더레이터

1. 디스코드 업무에 종사하며 느낀 점은 무엇인가요?

저는 현재 버블리 프로젝트, 그리버 프로젝트, DOKDO DAO, Air TNT(M2E) 등의 헤드 모더레이터 및 모더레이터로 활동하고 있습니다. 디스코드는 화면의 왼쪽에 본인이 참여하는 서버가 나열되어 있어서 참여 중인 커뮤니티 서버에 쉽게 접속할 수 있고 커뮤니티의 공지 사항 및 각종 채널을 쉽게 확인할 수 있습니다. 또한 고정 메시지 기능 및 각종 공지 채널, 멘션 기능 등을 활용해서 정보를 쉽게 전달할 수도 있고 다양한 봇들이 있어서 커뮤니티에 활용하기에도 좋습니다. 하지만 디스코드의 사용 방법에 대한 안내나 교육이 부족하여 대중화되는 데 시간이 걸리는 것 같습니다. 따라서 디스코드와 관련된 안내 책자 및 홍보가 좀 더 활성화된다면 디스코드의 영역 확장에 도움이 될 것이라고 생각합니다.

2. 디스코드 관련 종사자에게 필요한 능력 및 마음가짐에 대해 알려주세요.

현재 블록체인 및 NFT 관련 커뮤니티 위주로 활성화되어 있는데, 다른 산업 분야로 확장된다면 커뮤니티 매니저나 모더레이터 등이 새로운 직업군으로 자리 잡을 수 있을 것입니다. 커뮤니티 매니저나 모더레이터 업무를 잘 해내려면 해당 커뮤니티에 대한 이해도와 성실함이 가장 중요합니다. 그리고 24시간 내내 상주할 수 없지만, 틈틈이 사람들과의 소통에 최선을 다하는 모습이 필요합니다. 또한 커뮤니티의 즐거운 분위기가 곧 그 커뮤니티의 힘이라고 생각하므로 멤버들과 소통할 때 재미있는 대화를 유도할 수 있는 능력도 필요합니다.

Discord × **Mooangking**

서버 세팅 및 관리, 모더레이터

1. 디스코드 업무에 종사하며 느낀 점은 무엇인가요?

저는 Shiny Cat 프로젝트와 버블리 프로젝트에서는 헤드 모더레이터이고 'The Other Side', 'FanCPlace' 등의 프로젝트에서는 일반 모더레이터 역할을 하고 있습니다. 디스코드는 여러 플러그인을 통해 바로 번역할 수 있고, 해외 사람들과 무리없이 소통할 수 있으며, 자신만의 서버의 특색을 커스터마이징할 수 있다는 것이 가장 큰 장점입니다. 또한 국적에 관계없이 다양한 사람들을 만날 수 있다는 점도 장점입니다. 하지만 보안이 취약하므로 개개인이 보안 문제에 신경을 많이 써야 합니다.

2. 디스코드 관련 종사자에게 필요한 능력 및 마음가짐에 대해 알려주세요.

디스코드 관련 직업이 새로운 직업군으로 자리 잡으면 현재 일어나고 있는 불공정한 일이 많이 해결될 것이라고 생각합니다. 그래서 저는 이 새로운 직업군에 제대로 자리 잡기 위해 열심히 공부중입니다. 커뮤니티 매니저나 모더레이터가 되려면 소통하는 능력, 인내심, 책임감, 언어, 커뮤니티에 대한 이해도, 열정, 경험, 마케팅 지식 등이 필요하다고 생각합니다. 디스코드는 생각보다 다양한 활동과 업무가 혼재하는 곳이므로 종사자도 다양한 영역에서의 능력과 경험을 가지고 있으면 많이 도움이 될 것입니다.